Kauderwelsch
Band 112

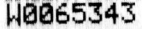

Impressum

Daniel Krasa
Urdu für Pakistan und Indien — Wort für Wort
erschienen im
REISE KNOW-HOW Verlag Peter Rump GmbH
Osnabrücker Str. 79, D-33649 Bielefeld
info@reise-know-how.de

1. Auflage 2001

Bearbeitung & Layout Claudia Schmidt
Layout-Konzept Günter Pawlak, FaktorZwo! Bielefeld
Umschlag Peter Rump (Titelfoto:)
Karthographie Iain Macneish
Fotos Daniel Krasa
Druck und Bindung Fuldaer Verlagsagentur, Fulda

ISBN 3-89416-301-1
Printed in Germany

Dieses Buch ist erhältlich in jeder Buchhandlung der BRD, Österreichs, der Schweiz und der Benelux. Bitte informieren Sie Ihren Buchhändler über folgende Bezugsadressen:
BRD Prolit GmbH, Postfach 9, 35461 Fernwald (Annerod) sowie alle Barsortimente
Schweiz AVA-buch 2000, Postfach 27, CH-8910 Affoltern
Österreich Mohr Morawa Buchvertrieb GmbH Sulzengasse 2, A-1230 Wien
Benelux Assimil Benelux, 5-7 Rue des Pierres, B-1000 Bruxelles
direkt Wer im Buchhandel kein Glück hat, bekommt unsere Bücher zuzüglich Porto- und Verpackungskosten auch direkt beim **Rump Direktversand**, Heidekampstraße 18, D-49809 Lingen oder über unseren Internet-Shop: **www.reise-know-how.de**
Zu diesem Buch ist ein **Tonträger** erhältlich, ebenfalls in jeder Buchhandlung der BRD, Österreichs, der Schweiz und der Benelux.
Der Verlag möchte die **Reihen Kauderwelsch & ReiseWortSchatz** weiter ausbauen und **sucht Autoren**!
Mehr Informationen finden Sie auf unserer Internetseite
www.reise-know-how.de/buecher/special/schreiblust-inhalt.html

Kauderwelsch

Daniel Krasa

Urdu für Pakistan und Indien

Wort für Wort

Reise Know-How
im Internet
www.reise-know-how.de
info@reise-know-how.de

Aktuelle Reisetipps und Neuigkeiten, Ergänzungen nach Redaktionsschluss, Büchershop und Sonderangebote rund ums Reisen

Die
Reise Know-How Verlag
Peter Rump GmbH
ist Mitglied der
Verlagsgruppe Reise Know-How

Kauderwelsch-Sprechführer sind anders!

Warum? Weil sie Sie in die Lage versetzen, wirklich zu sprechen und die Leute zu verstehen.

Wie wird das gemacht? Abgesehen von dem, was jedes Sprachbuch bietet, nämlich Vokabeln, Beispielsätze etc., zeichnen sich die Bände der Kauderwelsch-Reihe durch folgende Besonderheiten aus:

Die **Grammatik** wird in einfacher Sprache so weit erklärt, dass es möglich wird, ohne viel Paukerei mit dem Sprechen zu beginnen, wenn auch nicht gerade druckreif.

Alle Beispielsätze werden doppelt ins Deutsche übertragen: zum einen **Wort-für-Wort**, zum anderen in „ordentliches" Hochdeutsch. So wird das fremde Sprachsystem sehr gut durchschaubar. Denn in einer fremden Sprache unterscheiden sich z.B. Satzbau und Ausdrucksweise recht stark vom Deutschen. Ohne diese Übersetzungsart ist es so gut wie unmöglich, schnell einzelne Wörter in einem Satz auszutauschen.

Die **Autorinnen** und **Autoren** der Reihe sind Globetrotter, die die Sprache im Land selbst gelernt haben. Sie wissen daher genau, wie und was die Leute auf der Straße sprechen. Deren Ausdrucksweise ist nämlich häufig viel einfacher und direkter als z.B. die Sprache der Literatur oder des Fernsehens.

Besonders wichtig sind im Reiseland **Körpersprache, Gesten, Zeichen** und **Verhaltensregeln**, ohne die auch Sprachkundige kaum mit Menschen in guten Kontakt kommen. In allen Bänden der Kauderwelsch-Reihe wird darum besonders auf diese Art der nonverbalen Kommunikation eingegangen.

Kauderwelsch-Sprechführer sind keine Lehrbücher, aber viel mehr als Sprachführer! Wenn Sie ein wenig Zeit investieren und einige Vokabeln lernen, werden Sie mit ihrer Hilfe in kürzester Zeit schon Informationen bekommen und Erfahrungen machen, die „taubstummen" Reisenden verborgen bleiben.

Inhalt

Grammatik

Konversation

Anhang

Buchklappe *Zahlen & Abkürzungen*
vorne *Aussprache*
Nichts verstanden? – Weiterlernen!
Buchklappe *Die wichtigsten Floskeln und Redewendungen*
hinten *Die wichtigsten Fragen & Sätze*
Die wichtigsten Fragewörter, Richtungs- &
Zeitangaben

FILA

Vorwort

Von den Höhen des Hindukusch und des Karakorums bis zum Arabischen Meer, von der Wüste Beludschistans bis zu den fruchtbaren Tälern des Pandschabs, Pakistan ist ein traumhaft schönes und unglaublich interessantes Land. Obwohl es von 1856 bis 1947 eine britische Kronkolonie war, wird Englisch nur von den gebildeten Menschen gut gesprochen. Nichtsdestotrotz gibt es aber eine gute „Neuigkeit", und zwar hat Pakistan, trotz der etwa 60 gesprochenen Sprachen und Dialekte, eine übergreifende Verkehrssprache: das Urdu.

Ob also in Gilgit, Karachi, Gwadar oder Multan - wer wirklich mit den Leuten kommunizieren will, kommt um ein paar Worte Urdu nicht herum. Und nicht nur in Pakistan, sondern auch in fast ganz Indien und sogar in Hyderabat können Sie sich in Urdu verständigen.

Wenn die fremde Sprache auch zuerst schwierig wirkt, werden die Menschen Ihre Bemühungen hoch schätzen.

Viel Spaß wünscht
Daniel Krasa

Hinweise zur Benutzung

Der Sprechführer „Urdu" gliedert sich in die drei wichtigen Hauptabschnitte „Grammatik", „Konversation" und „Wörterliste".

Grammatik

Die Grammatik beschränkt sich auf das Wesentliche und ist so einfach gehalten wie möglich. Deshalb sind auch nicht alle Ausnahmen und Unregelmäßigkeiten der Sprache erklärt. Wer nach der Lektüre dieses Büchleins tiefer in die Grammatik des Urdu eindringen möchte, findet im Anhang Hinweise auf weiterführende Literatur.

Konversation

In diesem Teil finden Sie Sätze aus dem Alltagsgespräch, die Ihnen einen ersten Eindruck davon vermitteln sollen, wie Urdu „funktioniert" und die Sie auf das vorbereiten sollen, was Sie später in Pakistan und Indien hören werden. Benutzen Sie die Beispielsätze auch als Satzschablonen und -muster, die Sie selbst Ihren Bedürfnissen anpassen.

Wort-für-Wort-Übersetzung

Jedem Wort in Urdu entspricht ein Wort in der Wort-für-Wort-Übersetzung.

Damit Sie die Wortfolge des Urdu in den Beispielsätzen nachvollziehen können, ist eine Wort-für-Wort-Übersetzung in kursiver Schrift ergänzt. Wird ein Wort im Urdu im Deutschen durch zwei Wörter übersetzt, sind diese in der Wort-für-Wort-Übersetzung durch einen Bindestrich verbunden, z. B.:

tum âoge.
du kommen-wirst(m,Mz)
Du wirst kommen.

kitnâ?
wieviel
Wie viel?

Werden in einem Satz mehrere Wörter angegeben, die man untereinander austauschen kann, steht ein Schrägstrich.

restorant/ghusalchânâ kahâñ hai?
Restaurant(m)/Toilette(m) wo ist
Wo ist ein Restaurant/die Toilette?

Persönliche Fürwörter, Haupt- und Eigenschaftswörter können im Urdu gebeugt werden. Es gibt neben dem 1. Fall (ungebeugt) jedoch nur einen weiteren Beugungsfall. Der Zusatz „(g)" kennzeichnet gebeugte Wörter. Die Kennzeichnung „[g]" bedeutet, dass ein Wort an dieser Stelle aufgrund der Grammatik zwar gebeugt werden muss, in diesem speziellen Fall aber wegen seiner lautlichen Beschaffenheit nicht gebeugt ist.

„Mir/mich, dir/dich" etc. werden in der Wort-für-Wort-Übersetzung nicht mit „(g)" gekennzeichnet.

is hafte meñ
diesem Woche(g) in
in dieser Woche

chush qismatî se!
glücklich schicksalshaft[g] von
Gott sei Dank!

Abkürzungen

m/w	männlich/weiblich
Ez/Mz	Einzahl/Mehrzahl
(g)	gebeugtes Wort
[g]	das hier verwendete Wort wird nur aufgrund seiner lautlichen Beschaffenheit nicht gebeugt
(–)	weist darauf hin, dass nur der Verbstamm verwendet wird
it	intransitives Tätigkeitswort
[...]	englisches Originalwort

Bei aus dem Englischen entlehnten Wörtern wird das englische Originalwort in eckigen Klammern ergänzt.

Mit Hilfe der Wort-für-Wort-Übersetzung können Sie die Beispielsätze leicht Ihren eigenen Bedürfnissen anpassen, auch wenn das Ergebnis nicht immer perfekt ist.

Wörterlisten

Die Wörterlisten am Ende des Buches helfen Ihnen dabei. Sie enthalten einen Grundwortschatz „Deutsch-Urdu" und „Urdu-Deutsch" von je ca. 1000 Wörtern, mit denen man schon eine Menge anfangen kann.

Umschlagklappe

Die Umschlagklappe hilft, die wichtigsten Sätze und Formulierungen stets parat zu haben. Hier finden sich schnell die wichtigsten Angaben zur Aussprache und eine kleine Liste der wichtigsten Fragewörter, Richtungs- und Zeitangaben. Aufgeklappt ist der Umschlag eine wesentliche Erleichterung, da nun die gewünschte Satzkonstruktion mit dem entsprechenden Vokabular aus den einzelnen Kapiteln kombiniert werden kann. Wenn alles nicht mehr weiterhilft, dann ist vielleicht das Kapitel „Nichts verstanden? – Weiterlernen!" der richtige Tipp. Es befindet sich ebenfalls im Umschlag, stets bereit, mit der richtigen Formulierung für z. B. „Ich habe leider nicht verstanden." oder „Wie bitte?" auszuhelfen.

Seitenzahlen

Um Ihnen den Umgang mit den Zahlen zu erleichtern,wird auf jeder Seite die Seitenzahl auch auf Urdu in Lautschrift angegeben!

Über die Sprache

Urdu ist eine indoeuropäische Sprache, die dem Deutschen und noch mehr dem Englischen in einem gewissen Masse ähnlich ist.

Urdu ist eine der 18 Nationalsprachen Indiens und seit der Teilung des Subkontinents in Indien und Pakistan die offizielle Amtssprache Pakistans. Vor allem in Pakistan ist es Unterrichtssprache und somit so gut wie allen Personen zumindest verständlich. Urdu entstand etwa im 12. Jahrhundert, als islamische Eroberer im Gebiet des heutigen Delhi einzogen und sich die Sprache der dort ansässigen Bevölkerung aneigneten. Da die Eroberer meist Persisch und Türkisch sprachen, entstand schnell eine Mischsprache zwischen diesen beiden und dem örtlichen Dialekt Delhis. Seitdem entstand eine blühende Literatur, die vor allem durch das Persische beeinflusst wurde. Aus diesem Grund fanden immer mehr persische und über das Persische auch arabische Lehnwörter Eingang ins Urdu. Dies ist auch der Hauptunterschied zum Hindi, wenn auch ein Großteil des Vokabulars vollkommen identisch ist. Ansonsten ist das Urdu in der Grammatik mit dem Hindi identisch; seine Abgrenzung vom Hindustani ist fließend.

Laut neuesten Zählungen sprechen 58 Millionen Menschen Urdu *als Muttersprache. Wahrscheinlich beherrschen aber etwa 150-200 Mio. Menschen* Urdu *als Zweitsprache.*

Das Wort Urdu *selbst kommt ursprünglich aus dem Türkischen und meint so viel wie „Lagerplatz". Gemeint waren die Zeltsiedlungen der moslemischen Belagerer.*

Die Hindus hingegen, im Bemühen um eine eigene Verkehrssprache, ersetzten die arabischen und persischen Lehnwörter durch solche des Sanskrit. Diese neu entstandene Sprache heißt bis heute Hindi. Insgesamt wirkt Hindi insofern „aufgeschlossener", da es sowohl aus dem Sanskrit stammende Wörter aufgenommen hat als auch persische und arabische Wörter, je nach Anspruch der Situation. Ausgesprochene Urdu-Zentren in Indien sind Delhi, Agra, Lucknow und Hyderabad. Durch die große Zahl an Pakistanis und Indern im Ausland kann Urdu in Ostafrika, den Staaten des Persischen Golfes, in den USA und Europa gleichermaßen hilfreich sein.

In einer einfachen Konversation gibt es zwischen Urdu *und* Hindi *keinen Unterschied, da sich beide des persisch-arabischen Vokabulars bedienen.*

Führt man ein einfaches Gespräch mit einem Hindi-Sprecher auf Urdu, nimmt dieser an, es sei Hindi, und umgekehrt. So könnte man im Prinzip zu den oben angeführten Sprecherzahlen noch etwa 350 bis 400 Millionen Hindi-Sprecher dazuzählen.

die Sprachen Pakistans

In Pakistan gibt es eine Menge verschiedener Sprachen und Dialekte. Urdu wird als Muttersprache nur von etwa 8 % der knapp 150 Millionen Pakistanis gesprochen. Als übergreifende Verkehrssprache ist es aber der Mehrheit der Pakistanis bekannt. Die vier sonstigen offiziellen Regionalsprachen sind Pandschabi im Pandschab, Sindhi in der Provinz Sindh, Beludschi in Beludschistan und Paschto im Nordwesten („North West Frontier Province"). Daneben spricht man eine Vielzahl von Sprachen in den Tälern der nördlichen

Gebiet, in dem Urdu verstanden wird

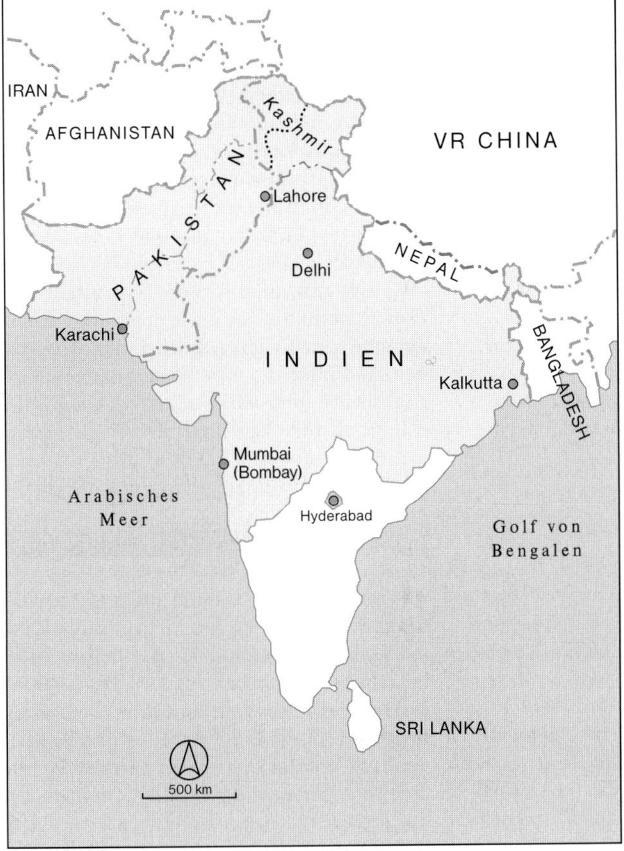

Bergregion: Balti, Buruschaski, Kaschmiri, Khowari und Schina, um nur einige zu nennen. Im Gebiet von Quetta und Kalat in Beludschistan wird noch eine drawidische Sprache namens Brahui gesprochen. Die Drawiden sind die Ureinwohner des Subkontinents und sind sonst nur mehr im Süden Indiens beheimatet.

Die englische Sprache ist aus Indien und Pakistan nicht mehr wegzudenken. Viele Pakistanis und Inder studieren auf Englisch und beherrschen es dementsprechend perfekt. In den Städten entstand eine Art Mischsprache aus Urdu und Englisch, die sehr unkonventionell englische Lehnwörter in die Altagssprache miteinfließen lässt. Der Vorteil für den Anfänger ist, dass man nach Belieben englische Wörter benutzen kann, wenn man z. B. gerade den Begriff auf Urdu nicht parat hat. Kein Inder oder Pakistani wird das merken und jeder wird Sie verstehen.

die Schrift

Viele gleich lautende Buchstaben kommen aus dem Arabischen oder Persischen und haben dort eine leicht andere Aussprache. Im Urdu allerdings wurde diese vereinfacht, die originale Schreibweise aber beibehalten.

Urdu wird seit dem 16. Jahrhundert in einer Variante der arabischen Schrift geschrieben, Nastaliq genannt, ebenfalls von rechts nach links geschrieben. Hindi hingegen wird in der Devanagari-Schrift geschrieben. Die Devanagari-Schrift wird von links nach rechts geschrieben und verfügt über mehr Zeichen als die arabische. Sie wird heute zum Schreiben der Sprachen Hindi, Nepali, Marathi und natürlich Sanskrit verwendet.

Grundsätzlich werden im Urdu nur die langen Selbstlaute (Vokale) geschrieben. Diese werden in der hier verwendeten Lautschrift durch ein ^ auf dem entsprechenden Lautbuchstaben kenntlich (â, î, û). Die kurzen Selbstlaute werden im Urdu nicht geschrieben. Eine Ausnahme hierbei ist das ai und e am Ende eines Wortes. Sie werden folgendermaßen geschrieben: ے Das au in der Wortmitte sieht wie der Buchstabe vâo aus, also و.

Urdu	Laut	Name	Urdu	Laut	Name
ئ	'	hamza	ش	sh	shîn
أ	â	alif	ص	s	swâd
ب	b	be	ض	z	zâd
پ	p	pe	ط	t	to'e
ت	t	te	ظ	z	zo'e
ٹ	t	te	ع	'	'ein
ث	s	se	غ	gh	ghein
ج	j	jîm	ف	f	fe
چ	c	cîm	ق	q	qâf
ح	h	he barî	ک	k	kâf
خ	ch	che	گ	g	gâf
د	d	dâl	ل	l	lâm
ڈ	d	dâl	م	m	mîm
ذ	z	zâl	ن	n	nûn
ر	r	re	ں	ñ	nûn
ڑ	r	re	ہ	h	he chotî
ز	z	ze	و	v, w, û	vâo
س	s	sîn	ی	y, î	ye

Von der Lautschrift lässt sich nicht eindeutig auf das Urdu-Zeichen schließen, da einige Buchstaben gleich ausgesprochen werden und dementsprechend auch nur ein Lautbuchstabe verwendet wurde.

Aussprache & Betonung

Um die Beispielsätze ohne Kenntnis der arabischen bzw. Nastaliq-Schrift sofort ablesen zu können, wird hier eine Lautschrift mit lateinischen Buchstaben verwendet, die der international üblichen entspricht.

Die folgenden Buchstaben(kombinationen) werden evtl. anders als im Deutschen erwartet ausgesprochen.

Mitlaute

Bei retroflexen Lauten wird die Zunge jeweils nach innen gerollt und gegen den Gaumen gedrückt.

'	ein „Stimmabsatz", bei dem eine kleine Pause gemacht wird, um zwei Laute klar voneinander zu trennen, wie in „europ**ä'i**sch". **râ'ie** (Meinung)
d	einfaches „d" wie in „**D**onau" **dard** (Schmerz)
ḏ	ein retroflexes „d" **ḏâk** (Post)
t	einfaches „t" wie in „**T**eig" **kuttâ** (Hund)
ṯ	ein retroflexes „t" **ṯâñg** (Bein)
y	„j" wie in „**J**ahr" **yahâñ** (hier)
j	stimmhaftes „dsch" wie in „**Dsch**ungel" **jânâ** (gehen)
c	stimmloses „tsch" wie in „**Tsch**ad" **câqû** (Messer)

h	deutlich gehauchtes „h“ wie in „**h**allo“ **hukûmat** (Regierung) **khânâ** (Essen) **bhâî** (Bruder) **chotâ** (klein)
ch	raues „ch“ wie in „Kra**ch**“ **chubsûrat** (schön)
r	gerolltes Zungen-r wie im Italienischen **roz** (Tag)
r	ein „r“, bei dem die Zunge nach innen gerollt wird und den Gaumen berührt, ähnlich amerikanischen „r“ in „g**r**eat“ **parhnâ** (lesen; lernen)
z	stimmhaftes „s“ wie in „**S**auna“ **azân** (Gebetsruf)
s	stimmloses „s“ wie in „Bu**s**“ **aksar** (oft) **sau** (hundert)
sh	wie „sch“ in „**Sch**ule“ **shukriyâ** (danke)
gh	ein dumpfes in der Kehle gesprochenes „r“. Klingt, als würde man ein nicht gerolltes **r** und ein **ch** gleichzeitig sprechen. **ghamgîn** (traurig)
q	dumpfes, weit im Rachen gesprochenes „k“ **qurân sharîf** (Koran)
ñ	ñ bewirkt, dass der vorangehende Selbstlaut nasal ausgesprochen wird, etwa wie im französischen „réduct**ion**“ („n“ wird nicht richtig ausgesprochen) **maiñ hûñ** (ich bin)

h *kommt auch in Kombinationen mit anderen Mitlauten vor und bewirkt, dass der vorherige Buchstabe leicht verlängert und behaucht (eben mit nachfolgenden „h“) gesprochen wird. Man darf jedoch auf keinen Fall* ch *mit* ch *verwechseln!*

Der Stimmabsatz, das stimmloses s, q *und* gh *kommen vor allem in arabischen Lehnwörtern vor.*

v	Halblaut zwischen „w“ und „u“ wie im englischen „**w**hat“ (nicht deutsches „w“ oder „v“). Dieser Laut klingt auch oft einfach wie ein langes „u“, z. B. in „**U**hr“ (vgl. **û**) **vâlid** (Vater)

Selbstlaute

Die Selbstlaute (Vokale) können sowohl lang als auch kurz ausgesprochen werden.

Einige Laute könnte man verdeutschen (z. B. v, ai, au*), aber dies würde es erschweren, in Lautschrift verfasste Wörterbücher zu benutzen.*

a	kurzes „a“ wie in „d**a**nn“ **das** (zehn)
ai	kurzes „ä“ wie in „B**ä**lle“ **voh hai** (er ist)
au	ganz kurzer Laut zwischen „o“ und „au“ wie im französischen „**au**“ (nicht wie das deutsche „au“!) **qaum** (Volk, Nation)
â	langes „a“ wie in „M**a**l“ **bolnâ** (sprechen)
e	„e“ wie in „T**ee**“ **lekin** (aber)
i	kurzes „i“ wie in „b**i**tte“ **musâfir** (Tourist)
î	langes „i“ wie in „L**ie**be“ **jaldî** (schnell)
o	kurzes „o“ wie in „s**o**ll“ **voh** (er, sie)
û	Dieser Laut klingt einfach wie ein langes „u“, z. B. in „**U**hr“ **urdû** (Urdu)

Betonung

Es werden immer die langen Selbstlaute (â, î, û) eines Wortes betont. Kommen in einem Wort zwei lange Selbstlaute vor, wird der letztere betont. Gibt es keinen langen Selbstlaut, wird der erste kurze betont.

tarîqa	Sitte, Brauch
târîch	Datum, Geschichte
da'vat	Fest

Eine wichtige Ausnahme bilden die Tätigkeitswörter (Verben), bei denen nie die letzte Silbe (-nâ) betont wird, sondern gemäß den obigen Regeln entweder der letzte lange Selbstlaut oder der erste kurze.

banânâ	machen
karnâ	tun, machen
pînâ	trinken

englische Lehnwörter

Im Urdu findet man viele Wörter aus dem Englischen. Wenn in diesem Buch ein solches aufgeführt wird, gebe ich in eckigen Klammern die originale Schreibweise an, um zu zeigen, dass es sich um eine Lehnwort handelt, z. B.:

pensil [pencil]	Bleistift

Wörter, die weiterhelfen

Die folgenden Wendungen und Vokabeln werden Sie wahrscheinlich häufig brauchen, Sie benötigen dafür keine Grammatikkenntnisse und können sofort mit dem Sprechen beginnen.

Vor allem die Floskeln für „bitte", „danke" und „Verzeihung" sind sozusagen überlebenswichtig.

zarâ batâîe ...	Entschuldigung ... *(als Frageeinleitung)*
mu'âf kîjîe!	Verzeihung!
mihrbânî karke!	Bitte! *(bitten um)*
shukriya!	Danke!

Gibt es ...?

... milegâ?
... treffen-wird
Gibt es ...?

bas [bus] **milegâ?**
Bus treffen-wird
Gibt es einen Bus?

aspatâl [hospital] **milegâ?**
Krankenhaus treffen-wird
Gibt es ein Krankenhaus?

hâñ, milegâ!
ja, treffen-wird
Ja, es gibt.

nahîñ milegâ!
nicht treffen-wird
Nein, gibt es nicht.

Wo ist / gibt es ...?

... kahâñ hai?
... wo ist
Wo ist ...?

hoṯal [hotel] **kahâñ milegâ?**
Hotel wo treffen-wird
Wo gibt es ein Hotel?

bas is~~t~~âp [bus stop] **kahâñ hai?**
Bus Stopp wo ist
Wo ist die Bushaltestelle?

left [left]	links
rayt [right]	rechts
sidhâ	geradeaus
yahâñ – vahâñ	hier – dort

Ich suche ...

maiñ ... kî talâsh kar rahâ/rahî hûñ.
ich ... von(w) Suche(w) machen blieb(m/w) bin
Ich suche nach ... *(sagt Mann/Frau)*

maiñ ... sarak kî talâsh kar rahâ/rahî hûñ.
ich ... Straße von(w) Suche(w) machen blieb (m/w) bin
Ich suche nach der ...-Straße. *(sagt Mann/Frau)*

Beachten Sie: Hier sind eine männliche und weibliche Variante des Tätigkeitswortes angegeben, daher spricht – weil es sich um Ich-Sätze handelt – ein Mann nur die männliche Variante, eine Frau dagegen die weibliche Variante!

Wie viel kostet ...?

yeh ... kitnâ lagtâ hai?
dieser ... wieviel kosten(m) ist
Wie viel kostet ...?

voh kitnâ lagtâ hai?
jener wieviel kosten(m) ist
Wie viel kostet das (da)?

yeh tikat [ticket] **kitnâ lagtâ hai?**
diese Fahrkarte(m) wieviel kosten(m) ist
Wie viel kostet die Fahrkarte?

Ich möchte/will ... (haben).

mujhe ... câhîe.	**mujhe ek kamrâ câhîe.**
ich ... wollend	*ich eins Zimmer(m) wollend*
Ich möchte...	Ich möchte ein Zimmer.

In diesen Satz kann man z. B. auch die Wörter der folgenden Liste einsetzen:

dâktar [doctor]	Arzt
davâchânâ	Apotheke
baink [bank]	Bank
sifâratchânâ	Botschaft (diplomat.)
bas [bus] (w)	Bus
havâî addâ	Flughafen
hotal [hotel]	Hotel
aspatâl [hospital]	Krankenhaus
polîs [police] (w)	Polizei
dâkchânâ	Postamt
restorant [restaurant]	Restaurant
taiksî [taxi]	Taxi
dentist [dentist]	Zahnarzt

Was ist das?

yeh kyâ hai?
dieser was ist
Was ist das?

Hauptwörter

Im Urdu gibt es nur männliche und weibliche Hauptwörter (Substantive). Bis auf wenige Ausnahmen bleiben diese ungebeugt.

grammatisches Geschlecht

Weibliche Hauptwörter enden grundsätzlich auf -î:

sabzî (w)	Gemüse	**kursî** (w)	Stuhl
khiṟkî (w)	Fenster	**gâṟî** (w)	Auto, Zug

Männliche enden auf -â oder einen anderen Buchstaben.

kamrâ (m)	Zimmer	**makân** (m)	Haus
nâm (m)	Name	**vâlid** (m)	Vater

Männliche Hauptwörter, die sich auf ein Lebewesen beziehen, können auf ein weibliches bezogen werden, indem die Endung -â durch -î ausgetauscht wird!

laṟkâ (m)	Junge	**laṟkî** (w)	Mädchen
beṭâ (m)	Sohn	**beṭî** (w)	Tochter

mez (w)	Tisch
bas [bus] (w)	Bus
vâlida (w)	Mutter
pensil [pencil] (w)	Bleistift, Stift (allg.)
bahin (w)	Schwester

Ausnahmen

Natürlich gibt es auch Ausnahmen, die man einfach lernen muss.

âdmî (m)	Mann
dahî (m)	Joghurt
dhobî (m)	Wäscher

Bei Hauptwörtern, die Personen bezeichnen, bestimmt das natürliche Geschlecht das grammatische, auch wenn das Hauptwort eine untypische Endung hat.

Volks- und Nationalitätsbezeichnungen können gleichzeitig männlich oder weiblich sein.

jarman (m/w)	Deutscher, Deutsche
añgrez (m/w)	Engländer, Engländerin
pâkistâni (m/w)	Pakistani
gujarâtî (m/w)	Gudscharati
pañjâbi (m/w)	Pandschabi
sindhî (m/w)	Sindhi

Mehrzahl

Um die Mehrzahl (Plural) zu bilden, gibt es mehrere Regeln. Weibliche Wörter, die auf -î enden, tauschen dieses durch -iyâñ aus. An weibliche Hauptwörter, die auf einen anderen Buchstaben enden, wird -eñ angehängt.

beṯî (w)	Tochter	**beṯiyâñ**	Töchter
mez (w)	Tisch	**mezeñ**	Tische
qamîz (w)	Hemd	**qamîzeñ**	Hemden

Männliche Hauptwörter, die auf -â enden, tauschen dieses in der Mehrzahl durch -e aus. Männliche Hauptwörter mit anderen Endungen bleiben unverändert.

larkâ (m)	Junge	**larke**	Jungen
makân (m)	Haus, Häuser	**âdmî**	Mann, Männer

Im Folgenden werden nur die weiblichen Hauptwörter mit „(w)“ gekennzeichnet. Alle anderen sind folglich männlich!

Es gibt natürlich auch wieder einige Ausnahmen, meist bei Lehnwörtern aus dem Arabischen. Die wichtigsten sind:

vâlid (m)	Vater	**vâlidain**	Väter; Eltern
vâlida (w)	Mutter	**vâlidât**	Mütter
châtûn (w)	Dame	**chavâtîn**	Damen

der/die/das, dieses & jenes

Das Urdu kennt keine Artikel („der, die, das“) wie im Deutschen. Wie ein Hauptwort übersetzt wird, hängt also auch vom Zusammenhang ab. So kann âdmî (Mann) auch mit „der Mann“ oder „ein Mann“ übersetzt werden.

Um etwas Bestimmtes zu bezeichnen, benützt man die hinweisenden Fürwörter (Demonstrativpronomen). Sie sind unveränderlich, d. h. es wird nicht zwischen männlich und weiblich oder Ein- und Mehrzahl unterschieden.

yeh	dieses hier (Ez); diese hier (Mz)
voh	jenes dort (Ez); jene dort (Mz)

yeh kitâb	dieses Buch
voh câqû	jenes Messer
yeh cor	dieser Diebe, diese Diebe
voh jânvar	jenes Tier, jene Tiere

Yeh *und* voh *stehen immer vor dem Hauptwort, auf das sie sich beziehen.*

Eigenschaftswörter

Man unterscheidet zwei Arten von Eigenschaftswörtern (Adjektiven): Die veränderlichen enden in der Grundform auf -â, die unveränderlichen enden auf einen anderen Buchstaben.

veränderlich		unveränderlich	
barâ	groß	**sâf**	sauber

Die Eigenschaftswörter stehen wie im Deutschen immer vor dem Hauptwort, auf das sie sich beziehen.

Die Eigenschaftswörter richten sich in Zahl und Geschlecht nach dem zugehörigen Hauptwort. Die Grundform der veränderlichen Eigenschaftswörter ist immer die männliche Form Einzahl mit der Endung -â. Wie Hauptwörter ersetzen diese für die Mehrzahl das -â durch -e. Für ein weibliches Eigenschaftswort wird -â durch -î ersetzt, und zwar sowohl für die Ein- als auch für die Mehrzahl.

barâ larkâ (m Ez)	großer Junge
bare larke (m Mz)	große Jungen
chotî larkî (w Ez)	kleines Mädchen
chotî larkiyâñ (w Mz)	kleine Mädchen

Mit unveränderlichen Eigenschaftswörtern ist das natürlich etwas einfacher, vor allem, wenn das Hauptwort auch unveränderlich ist.

sâf kamrâ (m Ez)	sauberes Zimmer
sâf kamre (m Mz)	saubere Zimmer
ârâmdeh relgârî (w Ez)	bequemer Zug
ârâmdeh relgâriyâñ (w Mz)	bequeme Züge
pâkistâni âdmî (m Ez/Mz)	pakistan. Mann, pakistan. Männer

Ich & du, mein & dein

Die persönlichen Fürwörter (Personalpronomen) kennen im Unterschied zum Deutschen mehrere Varianten für die Anrede. Des Weiteren wird „er“ und „sie“ in der Ein- und Mehrzahl mit den hinweisenden Fürwörtern yeh (dieser, diese) und voh (jener, jene) umschrieben.

maiñ	ich
tû	du (sehr persönlich und intim)
yeh	er, sie (hier)
voh	er, sie (dort)
ham	wir
tum	du, ihr (höflich)
âp	ihr, Sie (sehr höflich)
yeh	sie (hier) (Mz)
voh	sie (dort) (Mz)

Über die verschiedenen Arten der Anrede könnte man ein Buch schreiben – in welcher Situation man welcher Person wie viel Respekt erweisen muss.

maiñ aur tum.
Ich und du.

tû

tû verwendet man nur, wenn man mit Kindern spricht oder das Gebet an Gott richtet. tû ist sehr persönlich und intim und kann verletzend, gar als Beleidigung aufgefasst werden. In Indien reden sich gute Freunde manchmal mit tû an, in Pakistan hört man das aber eher weniger.

tum

tum ist eine Mischung aus unserem „du“ und „Sie“. Man macht nichts verkehrt, wenn man Jüngere und Gleichaltrige mit tum betitelt. Auch für Menschen, die eine eindeutig „niedrigere" Stellung in der Gesellschaftshierarchie haben, wie z. B. Rikshafahrer, Kellner und Hotelangestellte, verwendet man tum.

âp

Grundsätzlich werden einem Ausländer kleine Formfehler gerne verziehen, mit âp *macht man sicher nichts falsch.*

Bei älteren Personen (oft auch die eigenen Eltern), offensichtlich gläubigen Moslems (erkennbar z. B. durch Männer mit Bärten oder verschleierten Frauen) und all denen, die scheinbar Respekt verdienen, also auch Polizisten, Soldaten, Universitätsprofessoren usw., sollte man als Anrede unbedingt âp benutzen.

yeh / voh

Der Unterschied zwischen yeh und voh bezieht sich auf die räumliche Entfernung zwischen Sprecher und der Person, von der gesprochen wird: yeh (wörtl. „diese/r") bezeichnet jemanden, der dem Sprecher räumlich sehr nahe ist, voh bedeutet, dass er weiter weg ist.

âp / tum (log)

âp und tum sind sowohl Einzahl- als auch Mehrzahl-Anredeformen. Manche Personen sprechen auch von sich in der Form ham (wir). Will man explizit ausdrücken, dass es sich um mehrere Personen handelt, stellt man dem Fürwort log (Leute) nach. Ein zugehöriges Tätigkeitswort muss hierbei immer in der Mehrzahl gebeugt werden, auch wenn nur eine Person (mit tum) angeredet wird!

maiñ aur tum log
ich und ihr Leute
ich und ihr

mein & dein

merâ	mein
terâ	dein (intim)
iskâ	sein; ihr (hier)
uskâ	sein; ihr (dort)
hamârâ	unser
tumhârâ	dein, euer (höflich)
âpkâ	euer; Ihr (sehr höflich)
inkâ	ihr (hier)
unkâ	ihr (dort)

Auch bei den besitzanzeigenden Fürwörtern wird in der 3. Person Ez/Mz („er, sie") die räumliche Entfernung unterschieden.

Die besitzanzeigenden Fürwörter (Possessivpronomen) verhalten sich wie die veränderlichen Eigenschaftswörter. Sie haben die gleichen Endungen und richten sich in Zahl und Geschlecht nach dem dazugehörigen Hauptwort. Sie sind diesem immer vorangestellt.

merâ t̲ikat̲ [ticket]	meine Fahrkarte
mere paise	mein Geld
tumhârî gâr̲î	dein Auto
tumhârî bait̲riyâñ [battery]	deine Batterien
âpkâ dost	Ihr Freund
unke kapre	ihre Kleider (auch: Kleidung)

Mohammad hamârâ dost hai.
Mohammed unser(m) Freund ist
Mohammed ist unser Freund.

Noch eine Kleinigkeit: Da man Respektspersonen in der Mehrzahlform âp anspricht, werden diese grammatikalisch auch so in der Mehrzahl gebeugt. Wenn man vom eigenen Vater spricht, sollte man also mere vâlid sagen (und nicht merâ vâlid)!

mere vâlid
meine(m,Mz) Vater
mein Vater

das besitzanzeigende Verhältniswort kâ

Auch das Verhältniswort kâ (von) kann einen Besitz kennzeichnen. kâ richtet sich nach dem dazugehörigen Hauptwort in Zahl und Geschlecht und erhält die gleichen Endungen wie ein Eigenschaftswort.

voh Rahîm kâ bhâî hai.
er Rahim(m) von(m) Bruder(m) ist
Das ist Rahims Bruder.

yeh Hâshem kî gâṟî hai.
dies Hashem(m) von(w) Auto(w) ist
Dies ist Hashems Auto.

Hâshem aur Rahîm Mohammad ke dost haiñ.
Hashem(m) und Rahim(m) Mohammed(m) von(m,Mz) Freund(m) sind
Hashem und Rahim sind Mohammeds Freunde.

Tätigkeitswörter

Die Tätigkeitswörter (Verben) sind im Urdu ein sehr umfassendes Kapitel. Es gibt über 30 verschiedene Zeitformen, die unabhängig oder zusammengesetzt gebildet werden.

Im Rahmen dieses Buches stelle ich nur die wichtigsten Zeitformen vor.

Grundform

Die Grundform (Infinitiv) ist zusammengesetzt aus dem Stamm und der Endung -nâ.

jânâ	gehen	**ânâ**	kommen
khânâ	essen	**honâ**	sein

Gegenwart

das Tätigkeitswort „sein"

Das Tätigkeitswort honâ (sein) kann Voll- und Hilfsverb sein, wird also auch zur Bildung einiger Zeitformen des Urdu benötigt.

maiñ	**hûñ**
ich	*bin*
tû, yeh/voh (Ez)	**hai**
du, er/sie (hier/dort)	*bist/ist*
tum	**ho**
wir/du/ihr (höflich)	*sind/bist/seid*
ham, âp, yeh/voh	**haiñ**
ihr, Sie (sehr höflich), sie (hier/dort) (Mz)	*seid/sind*

honâ steht – wie auch alle anderen Tätigkeitswörter – immer am Satzende.

maiñ jarman [German] **hûñ.**
ich Deutsch bin
Ich bin Deutsche/r.

yeh merâ sûṯkes [suitcase] **hai.**
dieser mein Koffer(m) ist
Das ist mein Koffer.

yeh âpke ṯikaṯ [ticket] **haiñ.**
diese Ihre Tickets(m) sind
Dies sind Ihre Tickets.

andere Tätigkeitswörter in der Gegenwart

Die Gegenwart ist eine zusammengesetzte Zeit, bei der die Grundformendung -nâ durch die Endung -tâ ausgetauscht wird. Die Endung -tâ richtet sich in Zahl und Geschlecht nach der Person, von der die Rede ist, und zwar mit dem bereits bekannten Endungsmuster der Eigenschaftswörter. Also -tâ bei männlich Einzahl, -te bei männlich Mehrzahl und -tî für weiblich Ein- und Mehrzahl. Die so entstandenen Verbformen werden mit den persönlichen Fürwörtern und dem gebeugten, bereits bekannten Tätigkeitswort honâ (sein) kombiniert.

Übrigens müsste man streng genommen jâtâ wörtlich mit „gehend" übersetzen, worauf hier aber verzichtet wird.

	m/w	
maiñ	**jâtâ/jâtî**	**hûñ**
ich	*gehen*	*bin*
tû, yeh/voh (Ez)	**jâtâ/jâtî**	**hai**
du, er/sie (hier/dort)	*gehen*	*bist/ist*
ham, âp, yeh/voh (Mz)	**jâte/jâtî**	**haiñ**
wir/du/ihr (höflich)	*gehen*	*sind/bist/seid*
tum	**jâte/jâtî**	**ho**
ihr, Sie (sehr höflich), sie (hier/dort) (Mz)	*gehen*	*seid/sind*

Je nachdem, ob sich das persönliche Fürwort auf eine männliche oder weibliche Person bezieht, werden entweder die männliche oder die weibliche Form eingesetzt.

karnâ (machen, tun)

Das Tätigkeitswort karnâ (machen, tun) wird oft mit Hauptwörtern wie kâm (Arbeit), fon (Telefon), buking (Reservierung) usw. verbunden. Man kann so praktisch aus jedem Hauptwort ein Tätigkeitswort machen.

maiñ âj kâm kartâ/kartî hûñ.
ich heute Arbeit(m) machen(m/w) bin
Ich arbeite heute. *(sagt Mann/Frau)*

tû urdû acchî tareh se boltâ/boltî hai.
du Urdu gut Art(w) von sprechen(m/w) bist
Du sprichst gut Urdu. *(zum Mann/zur Frau)*

kyâ âp merî buking [booking] **karte/kartî haiñ?**
was Sie mein Reservierung(w) machen(m/w,Mz) sind
Buchen Sie meine Reservierung?
(zum Mann/zur Frau)

Vergangenheit

Die Vergangenheitsform ist ein nicht ganz einfaches Kapitel. Allerdings muss man sie nicht allzu oft benutzen. Ich führe hier deshalb nur zwei Versionen an, um einen kleinen Einblick zu geben.

das Tätigkeitswort „sein"

Die Vergangenheit von honâ (sein) lernt man auch am besten auswendig. Hier richtet sich die gebeugte Verbform lediglich danach, ob das Bezugswort männlich oder weiblich ist und in der Ein- oder Mehrzahl steht.

	m	w
Einzahl	**thâ**	**thî**
Mehrzahl	**the**	**thîñ**

maiñ ek bâr pâkistân meñ thâ/thî.
ich ein Mal(w) Pakistan in war(m/w)
Ich *(Mann/Frau)* war ein Mal in Pakistan.

maiñ ghar meñ thâ/thî.
ich Haus in war(m/w)
Ich*(m/w)* war zu Hause.

maiñ bîmâr thâ/thî.
ich krank war(m/w)
Ich*(m/w)* war krank.

andere Tätigkeitswörter

Um andere Tätigkeitswörter in die Vergangenheit zu setzen, hängt man an den Verbstamm (Tätigkeitswort ohne Infinitiv-Endung -nâ) ein -â an. Diese Endung richtet sich wieder in Zahl und Geschlecht nach der Bezugsperson. Also -â für männlich Ez, -e für männlich Mz, -î für weiblich Ez und – Achtung! – -îñ für weiblich Mz. Hier am Beispiel rahnâ (bleiben, leben) gezeigt:

	m	w
maiñ	**rahâ**	**rahî**
tû, yeh/voh (Ez)	**rahâ**	**rahî**
ham, âp, yeh/voh (Mz)	**rahe**	**rahîñ**
tum	**rahe**	**rahîñ**

Endet der Verbstamm auf einen Selbstlaut, hängt man statt -â (aussprachebedingt) ein -yâ an, alle anderen Endungen verändern sich jedoch nicht.

Hier einige Beispiele mit dem Tätigkeitswort ânâ *(kommen).*

maiñ der se âyâ/âi.
ich Verspätung von kam(m/w)
Ich *(Mann/Frau)* kam zu spät.

maiñ kal peshâvar se pahuñcâ/pahuñcî.
ich gestern Peshawar von ankam(m/w)
Ich *(Mann/Frau)* kam gestern aus Peshawar an.

ṯren ṯhîk vaqt se âî.
Zug(w) gut Zeit(m) von kam(w)
Der Zug kam pünktlich an.

kyâ âp ârâmdeh soye/soyîñ?
was Sie komfortabel schliefen(m/w,Mz)
Schliefen Sie *(Männer/Frauen)* angenehm?

transitiv & intransitiv

„Zielende" Tätigkeitswörter können eine Satzergänzung im 4. Fall (Akkusativobjekt) haben (z. B. „geben, trinken, nehmen, machen"), „nicht-zielende" hingegen nicht (z. B. „weinen, gehen").

Wenn es doch nur so einfach wäre! Im Urdu unterscheidet man aber außerdem noch zwischen transitiven (zielenden) und intransitiven (nicht-zielenden) Tätigkeitswörtern. Bis hier wurden für die Vergangenheit nur die „nicht-zielenden" Tätigkeitswörter beschrieben. Es macht im Urdu nämlich einen Unterschied, ob man sagt „ich kam an" (nicht-zielendes Tätigkeitswort) oder „ich las ein Buch" (zielendes Tätigkeitswort, „ein Buch" ist die Satzergänzung im 4. Fall). Im Urdu muss man den letzteren Satz passiv formulieren: „Von mir wurde ein Buch gelesen". Das Tätigkeitswort muss dann in Geschlecht und Zahl mit der Satzergänzung, und nicht mit dem Satzgegenstand (Subjekt) übereinstimmen, hier am Beispiel pa<u>r</u>hnâ (lesen) gezeigt:

Bei „zielenden" Tätigkeitswörtern geht es nicht darum, ob der Sprecher männlich oder weiblich ist, sondern um das grammatische Geschlecht der Satzergänzung.

maiñ ne kitâb pa<u>r</u>hî.
ich von Buch(w) las(w)
Von mir wurde ein Buch gelesen. /
Ich las ein Buch.

maiñ ne a<u>ch</u>bâr pa<u>r</u>hâ.
ich von Zeitung(m) las(m)
Von mir wurde eine Zeitung gelesen. /
Ich las eine Zeitung.

Das Wörtchen ne übernimmt hierbei unser deutsches „von" oder „durch". Es wird wie folgt verwendet:

maiñ ne	von mir
tû ne	von dir (intim)
is ne	von ihm/ihr/es (hier)
us ne	von ihm/ihr/es (dort)
ham ne	von uns
tum ne	von dir/euch/Ihnen (höflich)
âp ne	von euch/Ihnen (sehr höflich)
inhoñ ne	von ihnen (hier)
unhoñ ne	von ihnen (dort)

maiñ ne tumhârâ bhâî ko dekhâ.
ich von dein Bruder(m) zu sah(m)
Ich sah deinen Bruder.

ham ne acchî câe pî.
wir von gut(w) Tee(w) tranken(w)
Wir tranken guten Tee.

ham ne <u>ch</u>ûbsûrat safar kiyâ.
wir von schön Reise(m) machte(m)
Wir machten eine schöne Reise.

Ausnahmen

Folgende Tätigkeitswörter gelten im Urdu als intransitiv (nicht-zielend), deswegen wird die eben beschriebene Regel nicht angewandt.

(urdû) bolnâ	(Urdu) sprechen
bhûlnâ	vergessen
lânâ	bringen
le ânâ *nehmen kommen*	bringen
le jânâ *nehmen gehen*	wegnehmen

maiñ urdû bolâ/bolî.
ich Urdu sprach(m/w)
Ich sprach Urdu. *(sagt Mann/Frau)*

tû terâ naqshâ bhûlâ/bhûlî.
du dein Landkarte vergaßt(m/w)
Du vergaßt deine Landkarte.
(zum Mann/zur Frau)

unregelmäßige Tätigkeitswörter

Folgende Tätigkeitswört sind etwas unregelmäßig:

	m Ez	m Mz	w Ez	w Mz
denâ (geben)	**diyâ**	**dîe**	**dî**	**dîñ**
honâ (sein)	**thâ**	**the**	**thî**	**thîñ**
jânâ (gehen)	**gayâ**	**gae**	**gaî**	**gaîñ**
karnâ (machen)	**kiyâ**	**kîe**	**kî**	**kîñ**
lenâ (nehmen)	**liyâ**	**lîe**	**lî**	**lîñ**
pînâ (trinken)	**piyâ**	**pîe**	**pî**	**pîñ**

zusammengesetzte Vergangenheit

Zusätzlich zur einfachen Vergangenheit gibt es die zusammengesetzte Vergangenheit, bei der man die jeweilige Vergangenheitsform des Tätigkeitswortes mit honâ (sein) kombiniert. Diese Vergangenheitsform zeigt, dass die Handlung in der Vergangenheit begonnen hat und noch bis in die Gegenwart wirkt.

Bei den nicht-zielenden (intransitiven) Tätigkeitswörter sieht das so aus.

maiñ kal pahuñcâ/pahuñcî hûñ.
ich gestern ankam(m/w) bin
Ich bin gestern angekommen.
(... und bin noch hier) *(sagt Mann/Frau)*

ham abhî ghar âe/âî haiñ.
wir jetzt Haus kamen(m/w,Mz) sind
Wir sind gerade nach Hause gekommen.

Bei den zielenden (transitiven) Tätigkeitswörtern richten sich die Formen wieder nach der Satzergänzung (Objekt) und nicht nach dem Satzgegenstand (Subjekt). Der Satz wird wieder passiv formuliert.

maiñ ne ek film [film] **dekhî hai.**
ich von ein Film(w) sah(w) ist
Ich habe einen Film gesehen.

kyâ âp ne merî urdû samajhî hai?
was Sie von mein(w) Urdu(w) verstand(w) ist
Haben Sie mein Urdu verstanden?

Zukunft

Für die Zukunftsform fügt man an den Verbstamm (Grundform ohne -nâ) wie folgt an:

	m	w
maiñ	**-ûñgâ**	**-uñgî**
tû, yeh/voh (Ez)	**-egâ**	**-egî**
ham, âp, yeh/voh (Mz)	**-eñge**	**-eñgî**
tum	**-oge**	**-ogî**

maiñ kal fon [phone] **karûñgâ.**
ich morgen Telefon(m) machen-werde
Ich werde morgen anrufen.

ham samandar ko safar kareñge.
wir Meer[g](m) nach Reise(m) machen-werden
Wir werden ans Meer fahren.

Drei Tätigkeitswörter haben leicht unregelmäßige Formen.

denâ (geben)	
maiñ dûñgâ	ich werde geben
tum doge	du wirst geben
lenâ (nehmen)	
maiñ lûñgâ	ich werde nehmen
tum loge	du wirst trinken
pînâ (trinken)	
piûñga	ich werde trinken

„sein" in der Zukunft

Auch honâ *(sein) wird in der Zukunft leicht unregelmäßig gebildet.*

	m	**w**
maiñ	**hûñgâ**	**huñgî**
tû, yeh/voh (Ez)	**hogâ**	**hogî**
ham, âp, yeh/voh (Mz)	**hoñge**	**hoñgî**
tum	**hoge**	**hogî**

kyâ tum shâm ko hoṯal [hotel] **meñ hoge?**
was du Abend(m) nach Hotel[g] in sein-wirst
Wirst du abends im Hotel sein?

Zukunftsform mit jânâ (gehen)

Umgangssprachlich wird oft auch nur die Zukunftsform von jânâ (gehen) einem Tätigkeitswort in der Grundform nachgestellt.

ham samandar ko safar karnâ jâeñge.
wir Meer[g](m) nach Reise(m) machen gehen-werden
Wir werden ans Meer fahren.

maiñ anârkalî jânâ jâûñgâ.
ich Anarkali gehen gehen-werde
Ich werde zum Anarkali gehen.

Anarkali *ist der Name eines Bazars in Lahore.*

ham yahâñ rahnâ jâeñge.
wir hier bleiben gehen-werden
Wir werden hier bleiben.

zusammengesetzte Tätigkeitswörter

Um die deutschen Modalverben „wollen“ und „müssen“ auszudrücken, stehen mehrere Konstruktionen zur Auswahl. Allen gemeinsam ist, dass sie mit der selbstständigen Form der gebeugten persönlichen Fürwörtern stehen (s.S. 54) und teilweise unveränderlich sind.

wollen

câhîe (wörtl. „wollend“) ist unveränderlich.

mujhe âiskrîm [ice cream] **câhîe.**
mir Eiskrem wollend
Ich möchte ein Eis.

unheñ hameñ câe câhîe.
ihnen uns Tee wollend
Wir wollen/möchten Tee.

müssen

Wird câhîe mit einem Tätigkeitswort verbunden, erhält es die Bedeutung von „müssen". Das Tätigkeitswort steht in der Grundform.

tumheñ pañjâb jânâ câhîe.
dir Pandschab(m) gehen wollend
Du musst in den Pandschab fahren.

Genauso wird paregâ („fallen-wird") in der Bedeutung von „müssen" gebraucht.

mujhe jaldî se fon [phone] **karnâ paregâ!**
mir schnell von Telefon machen fallen-wird
Ich muss dringend telefonieren!

honâ (sein), mit einem vorangestelltem Tätigkeitswort in der Grundform kombiniert, erhält auch die Bedeutung „müssen".

hameñ haidarâbâd jânâ hai.
uns Hyderabad(m) gehen ist
Wir müssen nach Hyderabad fahren.

mujhe phal charîdnâ hai.
mir Obst(m) kaufen ist
Ich muss Obst kaufen.

neue Tätigkeitswörter mit jânâ

Beliebig kann man auch andere Tätigkeitswörter zusammensetzen. Sehr oft wird hierbei das Tätigkeitswort jânâ (gehen) als Ergänzung benutzt. Das Tätigkeitswort, das die Aussage bestimmt, steht in der Grundform, jânâ (gehen) wird in der Gegenwart gebeugt.

voh kâm karnâ jâtâ/jâtî hai.
jene/r Arbeit machen gehen(m/w) ist
Er/sie geht arbeiten.

voh ghumnâ jâtâ/jâtî hai.
jene/r spazieren gehen(m/w) ist
Er/sie geht spazieren.

Zur Erinnerung: Es gibt kein persönliches Fürwort für „er/sie“ Stattdessen wird das hinweisende Fürwort verwendet.

können / dabei sein, etwas zu tun

Bei zwei Arten von zusammengesetzten Tätigkeitswörtern entfällt das -nâ der Grundform. Und zwar zunächst in Sätzen, in denen saknâ (können) vorkommt. Im folgenden Satz heißt es also bol und nicht bolnâ (sprechen)! Das „(-)“ in der Wort-für-Wort-Übersetzung zeigt an, dass der Verbstamm benutzt wird.

maiñ urdû bol saktâ/saktî hûñ.
ich Urdu(w) sprechen(–) können(m/w) bin
Ich kann Urdu sprechen. *(sagt Mann/Frau)*

maiñ tablâ bajâ saktâ/saktî hûñ.
ich Tabla(m) spielen(–) können(m/w) bin
Ich kann Tabla spielen. *(sagt Mann/Frau)*

Tablâ *ist eine Art Trommel.*

yeh acchâ khânâ pakâ saktî hai.
sie gut Essen(m) kochen(–) können(w) ist
Sie kann gutes Essen kochen.

âp tasvîr khaiñc sakte/saktî haiñ.
Sie Foto(w) ziehen(–) können(m/w,Mz) sind
Sie können (dürfen) ein Foto machen.

Auch bei einer Konstruktion mit rahâ honâ (dabei sein etwas zu tun) funktioniert das genauso:

maiñ fon [phone] **kar rahâ/rahî hûñ.**
ich Telefon(m) machen(–) blieb(m/w) bin
Ich bin dabei zu telefonieren. *(sagt Mann/Frau)*

haben

„Haben“ im Sinne von „besitzen“ konstruiert man im Urdu durch das besitzanzeigende Fürwort (und zwar immer in der männlichen Mehrzahlform) plus nachgestelltem pâs (mit). Am Satzende steht das gebeugte Tätigkeitswort honâ (sein). Im übertragenden Sinne hieße das dann „mit mir/dir/... ist“.

mere pâs naî gâṟî hai.
meine(m,Mz) mit neu(w) Auto(w) ist
Ich habe ein neues Auto.

Steht der Satzgegenstand (Subjekt) in der Mehrzahlform, steht auch die gebeugte Form von honâ (sein) in der Mehrzahl.

mere pâs paise haiñ.
meine(m,Mz) mit Geld(m,Mz) sind
Ich habe Geld.

Bindewörter

Die Bindewörter (Konjunktionen) sind ein wichtiger Teil des Urdu. Man sollte sie sich gut einprägen und versuchen sie so oft wie möglich anzuwenden.

aur, ve	und
yâ	oder
se, ke sâth *von gemeinsam*	mit
ke baghair *von ohne*	ohne
ki	dass
lekin	aber
kyoñki	denn; weil
is lie *diesem/dieser für*	deswegen
is vajah se *diesem/dieser Grund von*	aus diesem Grund
tâkî	um zu; damit
hâlâñki, agarce	obwohl
ke ba'd *von nach*	nach; nachdem
us ke ba'd *jenem/jener von nach*	danach; später
jab	als
to	dann; so
se pahle *aus erster(g)*	vor; bevor
agar	wenn
jaisâ	wie; so wie

Die Bindewörter werden im Großen und Ganzen wie im Deutschen verwendet.

lekin yeh bahut maheñgâ hai!
aber dieser sehr teuer ist
Das ist aber sehr teuer!

ham sirf dekhnâ câhte haiñ.
wir nur schauen wollen sind
Wir wollen nur schauen.

maiñ urdû sikhtâ hûñ kyoñki pâkistân safar karnâ cahtâ huñ.
ich Urdu(w) lernen(m) bin weil Pakistan(m) Reise(m) machen wollen(m) bin
Ich lerne Urdu, weil ich nach Pakistan reisen will.

Aslam bolâ ki tum sîâlkot̲ jâoge, hai na?!
Aslam sprach(m) dass du Sialkot(m) gehen-wirst, ist nicht-so
Aslam sagte, dass du nach Sialkot fahren wirst, nicht wahr?!

Die Beugung

Das Urdu kennt auch eine Beugung, wobei es allerdings nur einen Fall gibt, der in etwa unserem 3. und 4. Fall (Dativ und Akkusativ) entspricht und in bestimmten Konstruktionen angewandt wird. Eine dieser Konstruktion ist die Verbindung mit einem Verhältniswort (Präposition).

Die folgende Tabelle gilt für Haupt- und Eigenschaftswörter und zeigt, welche Endungen sich in welcher Weise verändern.

Endung	ungebeugt	gebeugt
m Ez	**-â**	**-e**
	Mitlaut	unverändert
m Mz	**-e**	**-oñ**
	Mitlaut	**+ -oñ**
w Ez	**-î**	**-î**
	Mitlaut	unverändert
w Mz	**-iyâñ**	**-iyoñ**
	-eñ	**-oñ**

In der Mehrzahl haben die weiblichen Eigenschaftswörter jedoch die Endung -î!

Achtung: In der Mehrzahl verändert sich immer nur das Hauptwort, das Eigenschaftswort behält die ungebeugte Endung (also -e oder -î)!

Damit man erkennt, wann ein Wort gebeugt ist bzw. werden muss (wenn man es durch ein anderes austauscht), wird es durch „(g)“ als Abkürzung für „gebeugt“ gekennzeichnet.

In der männlichen Mehrzahlform verändert sich das Eigenschaftswort nicht. Weibliche Hauptwörter verändern sich nur in der Mehrzahl.

acchâ lar̲kâ *gut Junge* guter Junge (m Ez)	**acche lar̲ke se** *gut(g) Junge(g) von* von dem guten Jungen
acche lar̲ke *gute Jungen* gute Jungen (m Mz)	**acche lar̲koñ se** *gute Jungen(g) von* von den guten Jungen
acchî lar̲kî *gut Mädchen* gutes Mädchen	**acchî lar̲kî se** *gut Mädchen von* von dem guten Mädchen
acchî lar̲kiyâñ *gute Mädchen* gute Mädchen	**acchî lar̲kiyoñ se** *gute Mädchen(g) von* von den guten Mädchen

Auch Hauptwörter, die auf einen Mitlaut enden, verändern sich nur in der Mehrzahl.

ghar (m Ez/Mz)	Haus, Häuser
ghar se	aus dem Haus
gharoñ se	aus den Häusern

kitâb (w)	Buch
kitâb se	aus dem Buch
kitâbeñ (w Mz)	Bücher
kitâboñ se	aus den Büchern

film (w)	Film
film se	aus dem Film
filmeñ (w Mz)	Filme
filmoñ se	aus den Filmen

Verhältniswörter

Verhältniswörter (hier: Postpositionen) werden dem Wort, auf das sie sich beziehen, nachgestellt. Die betreffenden Hauptwörter oder persönlichen Fürwörter werden dann gebeugt.

se	von, mit, aus, durch
ke lie	für
von für	
ko	nach, zu
tak	bis, nach
meñ	in (räuml./zeitl.)
par, pe	auf
bâhar	draußen
andar	drinnen; in
bilmuqâbil	gegenüber
kî taraf	nebenan
von Seite(w)	
vâpas	zurück
bîc meñ	zwischen
zwischen in	

yahâñ se nazdîk hai.
hier[g] von nah ist
Von hier aus ist es nahe.

tren [train] **meñ restorant kar** [restaurant car] **milegâ?**
Zug[g] in Restaurant Wagen(m) finden-wird(m)
Gibt es einen Speisewagen in diesem Zug?

yeh dukân dâkchâne ke qarîb hai.
dieses Geschäft(w) Postamt(g)(m) von nah ist
Das Geschäft ist in der Nähe des Postamtes.

ham samandar ko safar karnâ jâeñge.
wir Meer[g] nach Reise machen gehen-werden
Wir werden ans Meer fahren.

Verhältniswörter mit ke

Einige Verhältniswörter werden immer mit vorangestelltem ke (von) verbunden.

ke *entspricht der männlichen Mehrzahlform.*

ke âge	vor, davor (räumlich)
ke bâre meñ	über, im Bezug auf
ke baghair	ohne
ke ba'd	nach (zeitlich)
ke pâs	mit, nahe an
ke pîche	hinter (räumlich)
ke ûpar	über (räumlich)
ke nîche	unter (räumlich)
ke darmiyân	zwischen
ke zarî'e	durch, mittels
ke sâth	mit
ke sâmne	vor, davor (räumlich)
ke sivâ	außer
ke qarîb	in der Nähe von
ke lie	für
ke muqâbile meñ	verglichen mit

zarâ hotal [hotel] **ke âge ruknâ!**
wenig Hotel[g] von davor anhalten
Halten Sie bitte vor dem Hotel!

ham dopahr ke ba'd mileñge/mileñgî.
wir Mittag(m) von nach treffen-werden(m/w,Mz)
Wir treffen uns am Nachmittag.

Will man nun diese Form der Verhältniswörter mit den persönlichen Fürwörtern verbinden („für dich, mit dir" etc.), dann ersetzt man ke durch die besitzanzeigenden Fürwörter, die dann auch die männliche Mehrzahlform haben (mere, tumhâre, apke ...).

maiñ tumhâre sâth câe pînâ câhtâ/câhtî hûñ.
ich deine mit Tee trinken wollen(m/w) bin
Ich möchte mit dir Tee trinken gehen.
(sagt Mann/Frau)

Mir & mich

Persönliche Fürwörter kennen zwei gebeugte Formen: Eine steht mit Verhältniswörtern („abhängige Form"), wobei die Verhältniswörter wieder nachgestellt sind, die andere steht ohne Verhältniswörter („selbstständige Form").

Beide Formen werden mit mir/mich, dir/dich" usw. je nach Kontext übersetzt.

abhängig	selbstständig	
mujh ko	**mujhe**	mir, mich
tujh ko	**tujhe**	dir, dich
is/us ko	**ise/use**	ihn, ihm, ihr
ham ko	**hameñ**	uns
tum ko	**tumeñ**	dir, dich, euch, Ihnen
âp ko	**âpko**	euch, Ihnen, Sie
in/un ko	**inheñ/unheñ**	ihnen, sie

abhängige Form

tum mujh ko kehte/kehtî ho kyâ tum karoge/karogî.
du mir nach sagen(m/w,Mz) bist was du machen-wirst(m/w)
Du sagst mir, was du machen wirst. *(zum Mann/zur Frau)*

maiñ yeh cîz tujh se jântâ/jântî hûñ.
ich diese Sache(w) dir von wissen(m/w) bin
Ich weiß das von dir. *(sagt Mann/Frau)*

maiñ yeh cîz us se jântâ/jântî hûñ.
ich diese Sache(w) diesem/dieser von wissen(m/w) bin
Ich weiß das von ihm/ihr. *(sagt Mann/Frau)*

yeh mere shauhar / merî bîvî haiñ, in se milîe.
dieser mein Ehemann / meine Ehefrau sind, diese(Mz) Sie mit treffen
Darf ich Ihnen meine/n Ehemann/-frau vorstellen?

Bei shauhar *(Ehemann) oder* bîvî *(Ehefrau) steht das Tätigkeitswort in der Mehrzahlform, da dies Ehrbezeichnungen sind.*

is und un bzw. in und un (als gebeugte Form von yeh und voh) werden auch mit „diese/diesem/diesen" und „jene/jenem/jenen" übersetzt, wenn sie mit einem Verhältniswort stehen.

ham is ho<u>t</u>al [hotel] **meñ rahte/rahtî haiñ.**
wir diesem(g) Hotel[g] in wohnen(m/w,Mz) sind
Wir wohnen in diesem Hotel. *(Männer/Frauen)*

selbstständige Form

Die „selbstständige" Form wird in speziellen Ausdrücken und mit bestimmten Tätigkeitswörtern gebraucht, bei denen sich das Tätigkeitswort in Zahl und Geschlecht immer nach der Satzergänzung (Objekt) und nicht nach dem Satzgegenstand (Subjekt) richtet.

mujhe afsos hai.
mir Leid ist
Es tut mir Leid.

mujhe <u>ch</u>ûshî hotî hai.
mir Glück(w) sein(w) ist
Ich bin glücklich.

use/use dukh hotâ hai.
ihm/ihr Unglück(m) sein(m) ist
Er/sie ist unglücklich.

selbstständige Form + ânâ/lagnâ

Im folgenden Satz wird ânâ (kommen) in Verbindung mit den selbstständigen Formen als „wissen" bzw. „kennen" verwendet.

tujhe urdû âtî hai.
dir Urdu(w) kommen(w) ist
Du sprichst Urdu.

Das Tätigkeitswort lagnâ, das „fühlen, scheinen, anwenden", aber auch „beginnen" heißen kann, steht zum Beispiel mit der selbstständigen Form.

use/use bhûk lagî hai.
ihm/ihr Hunger(w) fühlte(w) ist
Er/sie hat Hunger.

Dass lagnâ (fühlen) hier in der Vergangenheit steht (lagî) und im Deutschen mit der Gegenwart übersetzt wird, liegt daran, dass lagnâ auch mit „anfangen zu fühlen" übersetzt werden kann (das „Fühlen" hat also bereits in der Vergangenheit begonnen)!

hameñ pyâs lagî hai.
uns Durst(w) fühlte(w) ist
Wir haben Durst.

yeh tumeñ lagtâ hai?
dieser dir fühlen(m) ist
Gefällt dir das?

mujhe bahut acchâ lagtâ hai.
mir sehr gut fühlen(m) ist
Es gefällt mir sehr gut.

mujhko garmî/ṯhanḏ lag rahî hai.
mir Wärme(w)/Kälte(w) fühlen bleiben(w) ist
Mir ist warm/kalt.

Beachten Sie aber:

âj garmî hai.
heute Wärme(w) ist
Heute ist es warm.

Fragen, Auffordern & Verneinen

Nach dem Aussagesatz führt der Weg weiter zu den Frage-, Aufforderungs- und verneinten Sätzen.

Fragen

Wie im Deutschen unterscheidet man zwischen Entscheidungs- und Satzfragen.

Entscheidungsfragen

Um Entscheidungsfragen zu stellen, hebt man entweder am Satzende eines ganz normalen Aussagesatzes die Stimme an oder man stellt kyâ (was) an den Satzanfang. Auf Entscheidungsfragen kann man nur mit Ja oder Nein antworten.

yeh bas [bus] **peshâvar jâne vâlî hai?**
dieser Bus(w) Peshawar(m) gehen Besitzerin(w) ist
Fährt dieser Bus nach Peshawar?

kyâ tum yahâñ dukândâr ho?
was du hier Chef(m) bist
Bist du hier der Chef?

hâñ, maiñ dukândâr hûñ.
ja, ich Chef(m) bin
Ja, ich bin der Chef.

kyâ tumhâre pâs paise haiñ?
was deine(m,Mz) bei Geld(m,Mz) ist
Hast du Geld?

kyâ tum agle hafte meñ âoge/âogî?
was du nächste Woche(g) in kommen-wirst(m/w)
Wirst du nächste Woche kommen?
(zum Mann/zur Frau)

Satzfragen

hai?, milegâ? *ist, treffen-wird(m)*	gibt es?
mumkin hai? *möglich ist*	ist es möglich?
kab?	wann?
kyoñ?	warum?
kyâ?	was?
kaunsâ?	welche/s/r?
kaun?, kis?	wer?
kaisâ? (m Ez)	wie?
kaise? (m Mz)	wie?, auf welche Weise?
kyâ? *was*	wie bitte?
kab tak? *wann bis*	wie lange?
kitnâ? (m Ez)	wie viel?
kitne? (m Mz)	wie viele?
kahâñ?	wo?, wohin?
kidhar?	wohin?
kahâñ se? *wo von*	woher?

Satzfragen werden mit Fragewörtern gebildet und verlangen einen vollständigen Satz als Antwort.

Die Fragewörter stehen im Urdu immer am Satzanfang.

kyâ tum âj kartâ/kartî ho?
was du heute machen(m/w) bist
Was machst du heute? *(zum Mann/zur Frau)*

dukân vâlâ kahâñ hai?
Geschäft(w) Besitzer(m) wo ist
Wo ist der Besitzer des Geschäftes?

kab sinemâ [cinema] **kî film** [film] **shurû' hotî hai?**
wann Kino(m) von(w) Film(w) Beginn(m) sein(w) ist
Wann beginnt der Kinofilm?

kaunsî bas [bus] **lâhaur jâtî hai?**
welcher Bus(w) Lahore(m) gehen(w) ist
Welcher Bus fährt nach Lahore?

Aufforden & Befehlen

Für das vertrauliche tû verwendet man das Tätigkeitswort ohne die Grundformendung -nâ (reiner Verbstamm).

jânâ	gehen	**jâ!**	geh!
ânâ	kommen	**â!**	komm!

idhar â!
hierher komm(–)
Komm hierher!

Für das etwas höflichere tum verwendet man entweder die Grundform oder hängt an die

Grundform ein -o an. In der Wort-für-Wort-Übersetzung wird dies durch ein Ausrufezeichen kenntlich gemacht.

lânâ	bringen	**lâo!**	bring!
jânâ	gehen	**jâo!**	geh!

sidhâ calnâ!
geradeaus fahren
Fahre geradeaus!

rayt [right] **lenâ!**
rechts nehmen
Fahr nach rechts!

mujhe ek câe lâo!
mir ein Tee bring-!
Bring mir einen Tee!

Wichtige Ausnahmen beim Anhängen von -o bilden folgende Tätigkeitswörter:

lenâ	nehmen	**lo!**	nimm!
pînâ	trinken	**piyo!**	trink!
denâ	geben	**do!**	gib!

do! (gib!) wird auch in Verbindung mit den Stämmen anderer Tätigkeitswörter gebraucht.

utar do!
aussteigen(–) gib-!
Lass mich aussteigen!

mujhe batâ do!
mir erklären(–) gib-!
Erklär es mir!

Spricht man jemanden mit âp an, wird an den Stamm die Endung -îe gehängt (Wort-für-Wort-Übersetzung: „-Sie!“).

mere dostoñ se milîe!
meine(m,Mz) Freunde(m,Mz) mit triff-Sie!
Lernen Sie meine Freunde kennen!

arâm se baithîe!
bequem von setz-Sie!
Setzen Sie sich!

tashrîf lâîe!
Ehre bring-Sie!
Treten Sie ein!

zarâ batâîe!
wenig sag-Sie!
Sagen Sie bitte!

zarâ dekhîe!
wenig schau-Sie!
Schauen Sie bitte!

lenâ	nehmen	**lîjîe!**	nehmen Sie!
pînâ	trinken	**pîjîe!**	trinken Sie!
denâ	geben	**dîjîe!**	geben Sie!
karnâ	machen	**kîjîe!**	machen Sie!

Ausnahmen

bachshîsh lîjîe!
Trinkgeld(m) nimm-Sie!
Nehmen Sie das Trinkgeld!

mu'âf kîjîe!
Verzeihung mach-Sie!
Verzeihen Sie!

Verneinung

Um Sätze zu verneinen, braucht man das Wörtchen nahîñ (nicht, nein). In einfachen Sätzen mit dem Tätigkeitswort honâ (sein) wird nahîñ diesem vorangestellt.

Musâfir *kann für Männer und Frauen verwendet werden. Eine Frau würde trotzdem eher das englische* tûrist *verwenden.*

maiñ musâfir/tûrist [tourist] **hûñ.**
ich Tourist(m)/Tourist bin
Ich bin Tourist/in.

maiñ musafir nahîñ hûñ.
ich Tourist(m) nicht bin
Ich bin nicht/kein Tourist.

mere pâs paise (nahîñ) haiñ.
meine(m,Mz) mit Geld(m,Mz) (nicht) sind
Ich habe (kein) Geld.

Bei verneinten Sätzen in der Gegenwart mit anderen Tätigkeitswörtern entfallen die gebeugten Formen von honâ (sein).

maiñ urdû boltâ/boltî hûñ.
ich Urdu(w) sprechen(m/w) bin
Ich spreche Urdu. *(sagt Mann/Frau)*

tum urdû nahîñ bolte/boltî.
du Urdu(w) nicht sprechen(m/w,Mz)
Du sprichst kein Urdu. *(zum Mann/zur Frau)*

maiñ ne kuch nahîñ dekhâ/sunâ.
ich von etwas nicht sah(m)/hörte(m)
Ich habe nichts gesehen/gehört.

„Nichts" heißt kuch nahîñ *und „nie" heißt* kabhî nahîñ.

maiñ kabhî nahîñ yahâñ/lâhaur meñ thâ/thî.
ich wann nicht hier/Lahore(m) in war(m/w)
Ich war noch nie hier/in Lahore.

Die Befehlsform wird mit mat oder na (nicht) verneint.

fikr na karo!
Sorge nicht mach-!
Mach dir keine Sorgen!

mat âîe!
nicht komm-Sie!
Kommen Sie nicht!

Beide Verneinungen können sowohl für die Duz- als auch für die Sie-Form verwendet werden.

Zahlen & Zählen

Telefonnummern nennt übrigens jeder mit englischen Ziffern.

Dieses Kapitel gehört wohl zu den schwierigsten im Urdu. Es gibt nämlich für alle Zahlen von eins bis hundert einen eigenen Namen und nicht wie bei uns Kombinationen. Die gute Nachricht ist, dass man auch die englischen Zahlen nehmen kann und damit immer verstanden wird. Die Schreibweise der Zahlen im Urdu ist vom Arabischen abgeleitet. Die Zahlen werden im Urdu wie bei uns von links nach rechts geschrieben.

Da die Seitenzahlen auf jeder Buchseite auch ausgeschrieben werden, nenne ich hier nur die Zahlen von 0-10.

۰	0	**sifr**			
۱	1	**ek**	٦	6	**che**
۲	2	**do**	۷	7	**sât**
۳	3	**tîn**	۸	8	**âṯh**
۴	4	**câr**	۹	9	**nau**
۵	5	**pâñc**	۱۰	10	**das**

Ab 101 werden die Zahlen ohne ein Bindewort in der Reihenfolge „Hunderter – Zehner – Einer" zusammengesetzt.

100	**ek sau**	*eins hundert*
101	**ek sau ek**	*eins hundert eins*
102	**ek sau do**	*eins hundert eins*
200	**do sau**	*zwei hundert*
300	**tîn sau**	*drei hundert*
1000	**ek hazâr**	*eins tausend*
2000	**do hazâr**	*zwei tausend*
10.000	**das hazâr**	*zehn tausend*

100.000	**ek lâkh**	*eins hunderttausend*
	(geschrieben: „1,00,000“)	
1.000.000	**das lâkh**	*zehn hunderttausend*
10.000.000	**ek karoṟ**	*eins zehnmillionen*
	(geschrieben: „1,00,00,000“)	
1 Milliarde	**ek arab**	*eins Milliarde*
	(geschrieben: „1,00,00,00,000“)	

Die Kommata werden im Urdu anders gesetzt als bei uns.

ek hazâr nau sau chihattar
eins tausend neun hundert sechsundsiebzig
1976

nau lâkh teîs hazâr pâñc sau caurâsî
neun hundertausend dreiundzwanzig tausend fünf hundert vierundachtzig
923.584

zählen

mere pâs pâñc sûṯkes [suitcase] **haiñ.**
meine(m,Mz) bei fünf Koffer(m) sind
Ich habe fünf Koffer.
(„ich habe sie hier bei mir stehen“)

mere câr bacce haiñ.
meine(m,Mz) vier Kinder(m, Mz) sind
Ich habe vier Kinder.
(„auch wenn sie gerade nicht alle hier sind“)

Beim Zählen stehen die zu zählenden Dinge hinter dem Zahlwort. Beachten Sie auch die unterschiedlichen Formulierungen der ersten beiden Sätze mit „haben“!

yeh sâṯh rûpîe lagtâ hai.
dieser sechzig Rupees(m,Mz) kosten(m) ist
Das kostet fünfzig Rupees.

Ordnungszahlen

Die Ordnungszahlen 1.-10. werden wie Eigenschaftswörter gehandhabt und richten sich in Zahl und Geschlecht nach dem dazugehörigen Hauptwort, dem sie vorangestellt sind.

Es werden hier nur die männlichen Formen angegeben.

Die Ordnungszahlen werden für die Angabe des Datums wichtig.

pehlâ	erster	**cha<u>th</u>â**	sechster
dûsrâ	zweiter	**sâtvâñ**	siebter
tîsrâ	dritter	**â<u>th</u>vâñ**	achter
cauthâ	vierter	**navâñ**	neunter
pâñcvâñ	fünfter	**dasvâñ**	zehnter

pehlâ baccâ
erster(m) Kind(m)
das erste Kind

dusrî sa<u>r</u>ak
zweite(w) Straße(w)
die zweite Straße

Ab 11 wird -vâñ (m) bzw -vîñ (w) an die normalen Grundzahlen angehängt. Ansonsten können ab 11 auch einfach die Grundzahlen benutzt werden, auch wenn das grammatikalisch nicht hundertprozentig korrekt ist.

pacahattarvâñ das fünfundsiebzigste

Bruchzahlen

Ähnlich vielfältig wie die Namen der Zahlen sind auch die Bruchzahlen, so gibt es hier wieder einzelne Namen.

1/2	**âdhâ**	Hälfte
1/3	**ek tihâî**	ein Drittel
2/3	**do tihâî**	zwei Drittel
1/4	**ek cauthâî**	ein Viertel
3/4	**paun, tîn cauthâî**	drei Viertel
1 1/4	**savâ**	eineinviertel
1 1/2	**de̱ṟh**	eineinhalb
2 1/2	**ḏhâî**	zweieinhalb

Die Bruchzahlen werden bei Angabe der Uhrzeit aber auch auf dem Markt beim Einkaufen gebraucht.

Uhrzeit

In Indien und Pakistan nimmt man es mit der Pünktlichkeit nicht so genau. Man lebt für den Moment und wenn dieser gerade schön ist, muss der drauffolgende Termin eben etwas warten. Also keinen Stress!

Uhrzeit

kitne baje haiñ?
wieviele schlug(m,Mz) sind
Wie spät ist es?

Das Tätigkeitswort bajnâ (schlagen) steht bei dieser Frage in der Vergangenheit. Die Antwort ist auch nicht kompliziert: Für volle Stunden werden die Grundzahlen benutzt, und zwar nur von 1 bis 12, die durch die Angabe der Tageszeit ergänzt werden können (z. B. „morgens/nachmittags/abends/nachts“).

Da ghanṯâ (Stunde) ein männliches Hauptwort ist, erhält das Tätigkeitswort bajnâ (schlagen) auch eine männliche Endung, obwohl ghanṯâ nicht genannt wird. Außer für „ein Uhr“ steht es außerdem in der Mehrzahl.

ek bajâ hai.
eins schlug(m) ist
Es ist ein Uhr.

do baje haiñ.
zwei schlug(m,Mz) sind
Es ist zwei Uhr.

rât ko gyârah baje haiñ.
Nacht zu elf schlug(m,Mz) sind
Es ist elf Uhr nachts.

abhî das baje haiñ.
jetzt zehn schlug(m,Mz) sind
Es ist jetzt zehn Uhr.

thoṟî der ke ba'd tîn bajeñge.
wenig(w) Verspätung(w) von nach drei schlagen-werden (m,Mz)
Gleich ist es drei Uhr.

sekenḏ [second] (m)	Sekunde
minaṯ [minute] (m)	Minute
ghanṯa (m)	Stunde

Für eine genauere Uhrzeit verwendet man die Bruchzahlen nach folgendem Schema.

paune ...	Viertel vor ...
savâ ...	Viertel nach ...
sâṟhe ...	... plus eine halbe Stunde

sâṟhe câr baje haiñ.
plus-halb vier geschlagene schlug(m,Mz) sind
Es ist halb fünf.

subh savere paune nau baje haiñ.
Morgen früh viertel neun schlug(m,Mz) sind
Es ist Viertel vor neun Uhr morgens.

dopahr ke ba'd savâ pâñc baje haiñ.
Mittag(m) von nach eins-viertel fünf schlug(m,Mz) sind
Es ist Viertel nach fünf Uhr nachmittags.

Minutenangaben „vor“ der nächsten vollen Stunde drückt man wie folgt aus:

do bajne meñ pâñc minaṯ.
zwei schlagen(g) in fünf Minuten(m,Mz)
Es ist fünf vor zwei.

Bei Minutenangaben „nach“ der nächsten vollen Stunde und bei der Angabe „um ... Uhr“ wird -kar and den Stamm gehängt und damit das „echte“ Gerundium gebildet.

tîn bajkar das minaṯ.
drei schlagend zehn Minuten(m,Mz)
Es ist zehn nach drei.

havâî jahâz che bajkar calegâ.
luftig Gefährt(m) sechs schlagend fahren-wird(m)
Das Flugzeug fliegt um sechs Uhr ab.

مارکیٹ ہوٹل
MARKET HOTEL

Kurz-Knigge

Pakistan ist ein extrem religiöses Land, in dem die Werte und Regeln des Islam das tägliche Leben bestimmen. Pakistanis, aber auch indische Moslems sind hilfsbereit und offenherzig. Man ist stolz und gibt sich seriös, aber auch sehr gastfreundlich. Als Tourist hat das den Vorteil, dass man – im Vergleich zu anderen Ländern Asiens – einen Einblick in das alltägliche Leben der Einheimischen bekommen kann. Aus dem Islam haben sich allerdings einige Regeln und Umgangsformen gebildet, die uns vielleicht fremd scheinen, die aber bei Beachtung dem Besucher das Leben sehr vereinfachen können.

Der westliche Besucher sollte grundsätzlich Verständnis und Toleranz mitbringen und dem fremden Umfeld ohne Vorurteile begegnen. Kritik an Religion oder Gepflogenheiten sind unbedingt zu vermeiden. Man sollte nicht vergessen, dass man Gast ist und den Gesetzen seines Gastlandes Folge leisten muss. Im Folgenden wird versucht, einige dieser grundsätzlichen Regeln aufzuführen, um als Europäer Fettnäpfchen zu vermeiden.

Grundsätzlich: Sie sind als Besucher nicht nur ein Individuum, sondern Sie repräsentieren Ihr Heimatland und die westliche Welt allgemein. Seien Sie sich im Klaren darüber, dass es in Ihrer Hand liegt, das Bild des Touristen zu prägen. Um so wichtiger ist seriöses Auftreten!

Kleidung

Ein nackter Oberkörper ist vollkommen unmöglich. Und vom Hippie-Outfit vieler Touristen muss in Pakistan auf jeden Fall abgeraten werden.

Trotz des heißen Klimas sollte man als Mann immer lange Hosen tragen und auf Shorts und ärmellose Hemden oder T-Shirts verzichten. Bei Männern ist es gerne gesehen, wenn sie „männlich" aussehen, d. h. dezente Farben tragen und nicht ungepflegt oder verwahrlost aussehen. Als Frau ist es unbedingt notwendig, Hosen oder Röcke zu tragen, die bis über das Knie reichen. Auch müssen Dekolleté und die Schultern stets bedeckt sein. Ein BH ist außerdem immer zu tragen. Typisch pakistanische Kleidung, wie Pathani Suits und Shalwar Qameez, können speziell bei Bus- und Zugreisen sehr praktisch und bequem sein. Außerhalb der großen Städte sind die Menschen noch mehr den gesellschaftlichen Regeln verhaftet, Kleidungsvorschriften sollten hier auf jeden Fall eingehalten werden.

Alkohol

Da Moslems das Trinken von Alkohol verboten ist, bekommt man ihn in Pakistan nur auf illegale Weise und als Nicht-Moslem in internationalen Hotels. In Indien gibt es außerdem noch die so genannten Permit Rooms, in denen Alkohol eigentlich nur an Männer ausgeschenkt wird.

Ramadan

Der Fastenmonat Ramadan erinnert den gläubigen Moslem an die Offenbarung des Koran. Von Sonnenaufgang bis Sonnenuntergang ist es ihm verboten zu essen, zu trinken und zu rauchen. Als Nicht-Moslem ist man zwar nicht gezwungen teilzunehmen, sollte aber trotzdem all diese Tätigkeiten in der Öffentlichkeit unbedingt vermeiden.

Mann/Frau

Die Rolle von Mann und Frau ist im Islam sehr klar definiert. Westliche Paare sollten in der Öffentlichkeit auf jede Art von Zärtlichkeit (vom Händchenhalten angefangen) verzichten. Zusätzlich ist es sicher nicht verkehrt, sich als Ehepaar auszugeben, auch wenn das gar nicht stimmt. In Hotels ist das oft die einzige Möglichkeit, ein Doppelzimmer zu bekommen. Als nicht-moslemischer Mann sollte man pakistanischen Frauen unbedingt auf dezente und zurückhaltende Weise begegnen. Wenn Sie beispielsweise auf der Straße nach etwas fragen, wenden Sie sich nur an Gleichgeschlechtliche und berühren Sie nicht Anders-Geschlechtliche.

Linke Hand

Die linke Hand gilt als unrein, da man sich mit ihr (z. B. nach der Toilette) wäscht. Daher darf man nie jemanden mit ihr begrüßen und sie auch nicht verwenden, um Speisen, Geschenke usw. zu übergeben.

Schimpfen, Fluchen

Noch etwas zum Thema Sprache an sich: Die Einheimischen achten auf eine gepflegte Sprache und als Ausländer sollte man dies auch tun. Schimpfen und Fluchen sind unüblich und bei Ausländern gar nicht gerne gesehen.

Wenn man die fremden Sitten respektiert und die Menschen höflich behandelt, kann eigentlich nichts schief laufen.

Begrüßen & Verabschieden

Die Begrüßung ist oft das Wichtigste in einer Sprache, da man über sie den tatsächlichen Kontakt mit einer Person aufbaut. Im Urdu ist das erst recht so. Es gibt unendlich viele „Begrüßungszeremonien", und auf viele Floskeln gibt es eine entsprechende Antwort. Der übliche Gruß zu jeder Tageszeit ist auf Arabisch:

Bei arabischen und persischen Floskeln wird hier auf eine detaillierte Wort-für-Wort Übersetzung verzichtet.

assalâmu 'alaikum!
der-Frieden über-euch
Friede sei mit dir! *(Gruß)*

va 'alaikum assalâm!
und-über-euch der-Frieden
Und mit dir. *(Antwort)*

Dabei wird die rechte Hand zum eigenen Herzen geführt. Dieser Gruß wird von Moslems benutzt. Als Ausländer kann man damit aber zum Ausdruck bringen, dass man die Sitten kennt und sein Gegenüber respektiert.

Will man den religiösen Unterton vermeiden, sagt man:

Unkonventioneller ist der aus dem Englischen kommende Gruß.

âdâb!
Gruß
Guten Tag!

hello jî!
hallo Seele(m)
Hallo! *(unkonventionell)*

namaste! / namaskâr! *(zu Hindus in Hindi)*
Guten Tag!/Auf Wiedersehen!
sat shrî akâl! *(zu Sikhs in Pandschabi)*
Guten Tag!/Auf Wiedersehen!

Wenn man sich besser kennt, umarmt man sich zur Begrüßung, und Frauen küssen sich oft auf die Wange. Sonst gibt man sich die Hand. Außerdem ist wichtig, dass man zum Beispiel beim Betreten eines Raumes oder in einer Runde jeden Anwesenden begrüßt. Dabei gilt für den Mann, nur Männern die Hand zu geben, und die anwesenden Frauen selbst entscheiden zu lassen, ob sie einem die Hand reichen oder nicht. Als westliche Frau kann man einheimische Männer ruhig begrüßen.

Auf einen Gruß folgt immer die Frage nach dem Befinden.

kyâ hâl hai?
was Zustand(m) ist
Wie geht es Ihnen?

âp kaise haiñ?
Sie wie(m,Mz) sind
Wie geht's?

âp kaisî haiñ?
Sie wie(w) sind
Wie geht's? *(zu Frauen)*

kaise mizâj?
wie(m,Mz) Laune(m)
Wie geht's so?

mizâj sharîf?
Laune(m) ehrvoll
Wie geht es?

Da sich Männer nicht nach dem Befinden der Frau und/oder Tochter erkundigen (auch Ausländer sollten diesen Formfehler nicht begehen), fragt man allgemein:

âp kâ chandân kâ hâl kyâ hai!
Sie von Familie(m) von Zustand(m) was ist
Wie geht es der Familie?

sab thîk hai!
alles gut ist
Alles in Ordnung!

thîk thak hai!
gut gut is
Alles OK! *(Wortspiel)*

Pakistanis würden nicht zugeben, dass es ihnen nicht gut geht, da sie Sie nicht mit ihren Problemen belasten wollen. Höchstens ältere Menschen beschweren sich mal über körperliche Leiden.

Oft sagt man als Antwort auf die Frage nach dem Wohlbefinden auch:

âp kî du'â hai!
Sie von(w) Gebet(w) ist
(etwa:) Es geht mir gut, da Sie für mich beten!

Wenn man jemanden kennen gelernt hat, sagt man:

âp se milkar barî chushî huî!
Sie von treffend groß Freude(w) seiend(w)
Sehr erfreut, Sie kennen gelernt zu haben!

maiñ bhî!
ich auch
Ebenso! *(Standardantwort)*

Nicht selten hört man aber auch einfach das englische bâi-bâi [bye-bye].

Als Abschiedsformel verwendet man meistens:

chudâ hâfiz!
Gott(m) schütze
Auf Wiedersehen!

phir mileñge!
wieder treffen-werden(m,Mz)
Bis bald!

Namen & Anrede

Das Namensystem Pakistans unterscheidet sich grundlegend von unserem europäischen. Nachnamen gibt es erst seit kurzem und auch nur unter der Stadtbevölkerung.

Namen

Der Name setzt sich aus drei Teilen zusammen. Die Person mit Namen muhammad qâsim chân kann z. B. mit muhammad sâhib, qâsim sâhib oder chân sâhib angeredet werden. Meist nennen die Menschen sowieso nur den Namen, mit dem sie gerufen werden wollen. Wollen Sie den vollständigen Namen wissen, fragen Sie:

âp kâ pûrâ nâm kyâ hai?
Sie von ganz Name(m) was ist
Wie ist Ihr vollständiger Name?

Der letzte Name (im obigen Beispiel chân) bezeichnet oft die ursprüngliche Herkunft der Familie. chân ist beispielsweise ein mongolischer Titel. buchâri zeigt, dass der Sprecher aus dem usbekischen Bukhara kommt und yazdî ist ein Zeichen dafür, dass es sich hier um Einwanderer aus dem iranischen Yazd handelt usw. Pakistanis sind sehr stolz auf ihre Herkunft und sie betonen, dass sie aus einem bestimmten Gebiet kommen, auch wenn das schon mehrere Generationen zurückliegt und sie noch nie in dem angesprochenen Gebiet waren. Ein Teil der Bevölkerung kam bei der Teilung 1947 als Flüchtlinge nach Pakistan. Unter diesen sogenannten muhâjir (Flüchtlinge) sind viele aus den heute indischen Provinzen U.P. (uttar pradesh vormals United Provinces) und dem Pandschab.

Anrede

Genauso wichtig wie die Begrüßung ist die richtige, höfliche Anrede, die im Urdu etwas differenzierter ist als im Deutschen. So verwendet man sâhib und sâhiba für unser „Herr ...“ und „Frau ...“:

hâñ, sâhib!
ja, Herr(m)
Ja, mein Herr!

c̲h̲ân sâhib
Khan Herr(m)
Herr Khan

nahîñ, begam sâhiba!
nicht, Dame Frau(m)
Nein, meine Dame!

Sehr häufig benutzt wird auch die Floskel jî (Seele), etwa: „mein Herr“ oder „Gnädigste“.

nahîñ, jî!
Nein, mein Herr!

Ältere Männer oder Respektpersonen redet man mit janâb, huzûr oder miyâñ an, die alle in etwa „mein Herr" heißen. Alte Personen sollte man mit einer der folgenden Respektsformen betiteln:

hâjji!
Pilger!

mâmâ jî!
Onkel!

mâmî jî!
Tante!

Westlich gekleidete Personen werden auch noch mit den englischen Höfligkeitstiteln angeredet:

sar! [sir]
Mein Herr!

medem! [madam]
Meine Dame!

Für Jüngere und Gleichaltrige sowie Taxifahrer, Kellner usw. verwendet man:

bhâî sâhib!
Bruder(m) Herr(m)
Bruder!

behn! / dîdî!
Schwester!

Wenn Sie älter als zwanzig sind, wird es Ihnen oft passieren, dass Kinder Sie folgendermaßen anreden:

añkal [oncle] **jî!**
Onkel!

âñtî [auntie] **jî!**
Tante!

Bitten & Danken

Das „Bitte" in unserem Sinn gibt es im Urdu mehr als Übersetzung aus dem Englischen. Man gebraucht es aber weit weniger als in Europa. Verschiedene Floskeln sind einfach unnötig, da es sich von selbst versteht, dass man beispielsweise um etwas bittet und nicht einfach verlangt. Aus diesem Grund gibt es im Urdu keine wirklich echte Entsprechung für unser „Bitte".

mihrbânî karke!
Freundlichkeit(w) machend
Bitte! *(wenn man sehr höflich sein will)*

mihrbânî karke, mujhe yeh batâîe!
Freundlichkeit(w) machend, mir dieser erklär-Sie!
Seien Sie so nett, erklären Sie mir das bitte!

Öfters verwendet man das Wörtchen zarâ (wenig), das in etwa mit unserem „doch" verglichen werden kann und die Aufforderung abschwächen soll.

zarâ hameñ câe lâo!
wenig uns Tee(w) bring-!
Bringe uns doch bitte Tee!

zarâ âhistâ bolîe!
wenig langsam sprich-Sie!
Sprechen Sie doch bitte langsam!

Da dieses Bitte eben aus dem Englischen importiert wurde, verwendet man auch öfters ein plîz [please].

mujhe ek ṯikaṯ câhîe, plîz.
mir eins Fahrkarte(m) wollend, bitte
Ich möchte bitte eine Fahrkarte!

Das anbietende „Bitte sehr!" wird nur durch die höfliche Befehlsform ausgedrückt.

andar âîe!
hinein komm-Sie!
Bitte kommen Sie herein!

Wer noch höflicher sein will, kann dem Tätigkeitswort noch ein -gâ anhängen!

andar âîegâ!
hinein komm-Sie!(höfl.)
Bitte kommen Sie doch herein!

Wenn man um etwas ersucht, sagt man yeh batâîe (dieser sage-Sie). Dies ist z. B. auch am Telefon üblich.

yeh batâîe, <u>d</u>âk<u>ch</u>ânâ kahâñ hai?
dieser sag-Sie!, Postamt(m) wo ist
Sagen Sie mir bitte wo die Post ist!

yeh batâîe, aslam hai?
dieser sag-Sie!, Aslam ist
Ist Aslam bitte zu Hause? *(am Telefon)*

„Danke“ heißt auf Urdu shukriyâ und ist wohl mit das wichtigste Wort in jeder Sprache!

shukriyâ, bhâi sâhib!
danke, Bruder(m) Herr(m)
Danke, mein Bruder!

is da'vat ke lie bahut shukriyâ!
diesem Einladung[g](w) von für viel danke
Vielen Dank für die Einladung.

Außerdem kann man mihrbânî (Freundlichkeit) sagen.

âp log bahut mihmân navâz haiñ! mihrbânî!
Sie Leute(m,Mz) sehr Gast(m) erbarmend sind Freundlichkeit(w)
Sie sind sehr gastfreundlich! Danke schön!

Aber auch hier kann man das englische thainkyû [thank you] verwenden.

Auf „Danke“ (und ebenfalls auf eine Entschuldigung) antwortet man koî bât nahîñ! das unserem „Bitte sehr!“, „Gern geschehen.“ entspricht.

koî bât nahîñ!
einige Wort nicht
Bitte sehr!, Gern geschehen.

Floskeln & Redewendungen

Den letzten Schliff in einer Sprache bekommt man durch Floskeln und Redewendungen. Die wichtigsten und häufigsten des Urdu sind hier aufgeführt.

sich entschuldigen

mu'âf kîjîe!
verzeihend mach-Sie!
Verzeihen Sie mir!

mu'âf karo!
verzeihend mach-!
Verzeih mir!

mujhe afsos hai!
mir Leid(m) ist
Es tut mir Leid!

koî bât nahîñ!
einige Wort(w) nicht
Das macht nichts!
(Antwort)

zustimmen & ablehnen

hâñ!	Ja!
hâñ jî! *ja Seele(m)*	Ja, sicher!
bilkul!	Auf jeden Fall!
zarûr!	Natürlich!
inshâ' allâh! *wenn-will Gott(m)*	So Gott will!
shâyed!	Vielleicht!
ho saktâ hai! *sein(–) können(m) ist*	Das kann sein!
nahîñ! *nicht*	Nein!

nahîñ jî! *nicht Seele(m)*	Nein!
bad qismatî se! *schlecht schicksalshaft[g] von*	Leider!

maiñ ittifâq kartâ/kartî hûñ!
ich Abmachung(m) machen(m/w) bin
Ich bin einverstanden! *(sagt Mann/Frau)*

maiñ ittifâq nahîñ kartâ/kartî!
ich Abmachung(m) nicht machen(m/w)
Ich bin nicht einverstanden! *(sagt Mann/Frau)*

âp ne bilkul thîk kahâ!
Sie von ganz gut sagte(m)
Du hast Recht!

yeh to sac hai!
dieser so richtig ist
Das stimmt!

schwören

vâq'i!	Wirklich!
bilkul!	Echt!
haqîqat meñ ...!? *Wahrheit[g](w) in*	Echt wahr ...!?

überrascht sein

allâhu akbar!
Gott(m) am-größten
Gott ist groß!

mâshâ' allâh!
was-will Gott(m)
Was Gott alles will!
(als Bewunderung)

chush qismatî se!
glücklich schicksalshaft[g] von
Gott sei Dank!

Das Wörtchen acchâ (gut) kann je nach Betonung eine Menge Bedeutungen haben:

acchâ!
Gut! *(begeistert)*
Toll! *(bewundernd)*
Ich verstehe!, Ja, in Ordnung! *(zustimmend)*
Na gut, wenn es denn unbedingt sein muss! *(etwas unzufrieden)*
acchâ?
Ehrlich? *(bewundernd)*
Nein, wirklich? Gibt es denn so was? *(überrascht)*
Tatsächlich? Kein Witz? *(zweifelnd)*
Was? Das meinst du doch nicht ernst? *(leicht kritisierend)*

Höflichkeitsfloskeln

Urdu ist eine sehr höfliche Sprache. Ein wichtiger Ausdruck ist tashrîf (Ehre), das in verschiedenen Ausdrücken verwendet wird. Die beiden meist gebrauchtesten sind:

tashrîf lâîe!
Ehre(w) bring-Sie!
Treten Sie ein!

tashrîf rakhîe!
Ehre(w) stell-Sie!
Setzen Sie sich!

religiöse Floskeln

Wie schon gesagt, sind die Pakistanis sehr gläubig, und dementsprechend gibt es eine Menge an Floskeln und Koranversen, die häufig gebraucht werden. Die folgenden Aussprüche sind alle auf Arabisch.

Vor einer Tätigkeit sagt der gläubige Moslem immer:

bismillâh ir-rahmân ir-rahîm!
mit-Namen-Gottes der-Allmächtige der-Barmherzige
Im Namen Gottes des Allmächtigen und Barmherzigen!

Nach der geglückten Durchführung sagt man eine der nächsten Floskeln:

subhân allâh!
Lob(m) Allah(m)
Gott sei gelobt!

allâh kâ shukra!
Gott(m) von Dank(m)
Dank sei Gott!

Das erste Gespräch

Pakistanis und Inder sind sehr aufgeschlossen und neugierig. Sie werden es sich nicht entgehen lassen, einen so „exotischen" Fremden wie Sie willkommen zu heißen. Wenn sich dann noch herausstellt, dass dieser Exote Urdu spricht, muss man natürlich erstmal einige Informationen erfragen. – Seien Sie offen gegenüber diesen oft spontanen Treffen und üben Sie sich in der Sprache.

Hier ein typischer Ablauf eines ersten Gespräches.

assalâmu 'alaikum bhâî sâhib/behn sâhiba!
der-Friede über-euch Bruder(m) Herr(m)/ Schwester(w) Frau(w)
Sei willkommen, mein/e Freund/in!

va 'alaikum assalâm!
und-über-euch der-Frieden
Danke schön.

kyâ hâl hai?
was Zustand(m) ist
Wie geht es Ihnen?

sab ṯhîk hai! aur âp kaise/kaisî haiñ?
alles gut ist, und Sie wie(m/w,Mz) sind
Alles gut! Und wie geht es Ihnen? *(Mann/Frau)*

maiñ bhî acchâ/acchî hûñ! allâh kâ shukra!
ich auch gut(m/w) bin Gott(m) von Dank(m)
Gott sei Dank auch gut, danke! *(Mann/Frau)*

kahâñ se âp?
wo von Sie
Woher kommen Sie?

jarmanî [Germany] **se!**
Deutschland von
Aus Deutschland!

maiñ jarman [German] **hûñ.**
ich Deutsch bin
Ich bin Deutscher/Deutsche.

ham jarman [German] **haiñ.**
wir Deutsch sind
Wir sind Deutsche.

âsṯriyâ [Austria]	Österreich
âsṯriyan [Austrian]	österreichisch; Österreicher/in
sviṯzarlaiñḏ [Switzerland]	Schweiz
svis [Swiss]	schweizerisch; Schweizer/in
haleñḏ [Holland]	Niederlande
ḏac [Dutch]	niederländisch; Niederländer/in

mâshâ' allâh? âp ek pâkistânî jaise/jaisî urdû jânte/jântî haiñ.
was-will Gott(m), Sie eins Pakistani wie(m/w,Mz) Urdu(w) wissen(m/w,Mz) sind
Wirklich wahr ...? Sie sprechen Urdu wie ein/eine Pakistani. *(zum Mann/zur Frau)*

Auf eine solche Äußerung sollte man immer bescheiden reagieren. Die beste Antwort ist wohl:

jî nahîñ, mujhe sirf kam urdû âtî hai ...
Seele(m) nicht, mir nur wenig Urdu(w) kommen(w) ist
Aber nicht doch, ich kann erst wenig ...

... lekin maiñ aur sikhnâ câhtâ/câhtî hûñ!
... aber ich mehr lernen wollen(m/w) bin
... aber ich will mehr lernen! *(sagt Mann/Frau)*

kitnî bâr âp in<u>d</u>ya [India] **meñ the/thîñ?**
wieviel Mal(w) Sie Indien in waren(m/w,Mz)
Wie oft waren Sie schon in Indien?
(zum Mann/zur Frau)

yeh merî tîsrî bâr hai.
dieses mein dritte Mal(w) ist
Dies ist mein drittes Mal.

âp kâ nâm kyâ hai?
Sie von Name(m) was ist
Wie heißen Sie?

merâ nâm ... hai.
mein Name(m) ist
Ich heiße ...

âp kî 'umar kyâ hai?
Sie von Alter(w) was ist
Wie alt sind Sie?

maiñ paccîs sâl kâ hûñ.
ich 25 Jahr(m) von bin
Ich bin 25.

kyâ âp shâdî ho gae/gaîñ?
was Sie Heirat(w) sein(–) ging(m/w,Mz)
Sind Sie verheiratet? *(zum Mann/zur Frau)*

Von höchstem Interesse ist immer die Familie.

nahîñ, merî shâdî ab tak nahîñ huî.
nicht mein Heirat(w) jetzt bis nicht seiend(w)
Nein, ich bin noch ledig.

hâñ jî, maiñ shâdî ho gae/gaîñ!
ja Seele(m) ich Heirat(w) sein(–) ging(m/w,Mz)
Ja, ich bin verheiratet! *(sagt Mann/Frau)*

âp ke kitne bacce haiñ?
Sie von wieviele Kinder(m,Mz) sind
Wie viele Kinder haben Sie?

hamâre ek beṯâ aur ek beṯî haiñ.
unsere eins Sohn(m) und eins Tochter(w) sind
Wir haben einen Sohn und eine Tochter.

âp kyâ kâm karte/kartî haiñ?
Sie was Arbeit(m) machen(m/w,Mz) sind
Was sind Sie von Beruf? *(zum Mann/zur Frau)*

maiñ ... hûñ. *ich ... bin*	Ich bin ...
mazdûr	Arbeiter
berozgâr	arbeitslos
ḏâkṯar [doctor]	Arzt, Ärztin
kisân	Bauer
afsar [officer]	Beamter
foṯogrâfer [photographer]	Fotograf
kârobârî	Geschäftsmann
injînîr [engineer]	Ingenieur
sahâfî	Journalist
ustâd, ṯîcar [teacher]	Lehrer
tâlib-e 'ilm *Sucher-von Wissenschaft*	Student
ṯûrisṯ, musâfir	Tourist

kyâ âp ko pâkistân pasand hai?
was Sie zu Pakistan(m) gefallend ist
Gefällt Ihnen Pakistan?

mujh ko bahut pasand hai!
mir zu sehr gefallend ist
Es gefällt mir sehr!

dihlî tumeñ kaisâ lagtâ hai?
Dehli(m) dir wie fühlen(m) ist
Wie gefällt dir Delhi?

Die Angabe „m" im nächsten Satz bezieht sich auf „Delhi" im vorangegangenen Satz. Falls man also statt „Delhi" ein weibliches Hauptwort einsetzt, muss man in der Antwort acchî statt acchâ sagen.

mujhe bahut acchâ lagtâ hai.
mir sehr gut fühlen(m) ist
Es gefällt mir sehr gut.

Übrigens: Wenn man privat eingeladen wird, ist dies eine große Ehrbezeugung an den Gast.

calo bhâî/behn! câe piyo hamâre sâth!
geh-! Bruder(m)/Schwester(w), Tee(w) trink-! unsere mit
Los komm und trinke Tee mit uns!

acchâ! calîe, câe pîeñ!
gut, geh-Sie!, Tee(w) trinken-lasst!
Sehr gerne, lasst uns Tee trinken!

Zu Gast sein

Bei einer einheimischen Familie zu Gast zu sein, ist wohl mit die beste Möglichkeit, Bevölkerung und Land kennen zu lernen.

Familie ist in Südasien überaus wichtig. Unser Individualismus ist den Indern und Pakistanis fremd. Man lebt in und für die Gemeinschaft und stellt seine eigenen Ziele sicher nicht über die der Familie. Probleme werden zusammen geklärt und es besteht eine klar definierte Hierarchie zwischen einzelnen Personen, aber auch zwischen Männern und Frauen. In den Großstädten des Landes ist das selbstverständlich lange nicht so ausgeprägt wie in den ländlichen Gegenden.

Zur Begrüßung und zur Verabschiedung umarmt man sich (zumindest Männer und Frauen untereinander).

tashrîf lâîe!
Ehre(w) bring-Sie!
Treten Sie ein!

assalâmu 'alaikum!
der-Frieden über-euch
Herzlich willkommen!

va 'alaikum assalâm!
und-über-euch der-Frieden
Danke sehr. *(Antwort)*

kyâ hâl hai?
was Zustand(m) ist
Wie geht es Ihnen?

sab thîk hai!
alles gut ist
Alles in Ordnung!

âp kâ chandân kâ hâl kyâ hai!
Sie von Familie(m) von Zustand(m) was ist
Wie geht es der Familie?

âp kî du'â hai!
Sie von(w) Gebet(w) ist
Es geht gut, da Sie für uns beten!

Als Gast sollte man grundsätzlich Verständnis und Interesse zu einer Einladung mitbringen. So werden z. B. beim Betreten meist die Schuhe ausgezogen. Man begrüßt zuerst den Gastgeber, dann ältere Leute und danach alle anwesenden Männer. Es ist nicht gesagt, dass man als Mann zwangsläufig den Frauen des Hauses vorgestellt wird und sollte daher auch nicht darauf bestehen.

Oft gibt es eigene Räume, in denen sich die Frauen aufhalten. Wie überall auf der Welt sind die Kinder ein wichtiges Gesprächsthema und es erleichtert oft das erste Eis zu brechen. Wenn man etwas mitbringen will, was übrigens nicht zwingend ist, kann man kleine Geschenke oder Süßigkeiten für die Kinder besorgen – das wird immer sehr geschätzt.

Familie

Die Grundlage der pakistanischen und indischen Gesellschaft ist die Familie. In Südasien lebt man in und mit Großfamilien und sieht sich selbst als Teil einer solchen. Die Blutsverwandschaft gilt als heilig und man verhält sich oft auf eine ganz bestimmte Weise nur, um nicht das Ansehen der Verwandten zu beschädigen.

Im Urdu wird ganz klar definiert, um welche Verwandtschaftsbeziehung es sich handelt.

chândân	Familie
vâlid	Vater
vâlida (w)	Mutter
ammâ (w)	Mama
dâdâ	Großvater (väterl.)
dâdî (w)	Großmutter (väterl.)
nânâ	Großvater (mütterl.)
nânî (w)	Großmutter (mütterl.)
bacce	Kinder
betâ	Sohn
betî (w)	Tochter
bhâî	Bruder
bare bhâî	älterer Bruder
behn (w)	Schwester
barî behn (w)	ältere Schwester
câcâ	Onkel (väterl.)
câcî (w)	Tante (väterl.)
mâmâ	Onkel (mütterl.)
mâmî (w)	Tante (mütterl.)
kazin [cousin] (m/w)	Cousin/e
dûlhâ	Bräutigam
dulhan (w)	Braut
shauhar	Ehemann
bîvî (w)	Ehefrau
sâlâ	Schwager
sâlî (w)	Schwägerin
sasur	Schwiegervater
sâs (w)	Schwiegermutter
dâmâd	Schwiegersohn
bahû (w)	Schwiegertochter
hamsâyâ	Nachbar

Achtung! sâlâ *ist auch ein Schimpfwort und sollte deshalb mit Vorsicht verwendet werden!*

In Pakistan und Indien ist es üblich, als Mädchen mit 20 und als Junge mit spätestens 25 verheiratet zu sein.

merî begam se milîe!
meine Ehefrau(w) mit triff-Sie!
Dies ist meine Ehefrau!

kyâ âp shâdî ho gae/gaîñ?
was Sie Heirat(w) sein(–) ging(m/w,Mz)
Sind Sie verheiratet? *(zum Mann/zur Frau)*

âp ke kitne bacce haiñ?
Sie von wie-viele Kinder(m,Mz) sind
Wie viele Kinder haben Sie?

5 bis 8 Kinder pro Familie keine Seltenheit. Falls Sie mal einen Mann kennen lernen, dessen Namen kâfin (genügend) ist, wissen Sie, dass er das letzte Kind seiner Eltern ist. kâfin heißt nämlich auch „jetzt reicht's!".

tumhâre chândân meñ kitne log haiñ?
deine(g) Familie[g] in wieviele Leute(m,Mz) sind
Wie viele seid ihr denn in deiner Familie?

bei Tisch

tashrîf rakhîe!
Ehre(w) stell-Sie!
Setzen Sie sich!

kyâ âp pîte/pîtî haiñ?
was Sie trinken(m/w,Mz) sind
Was wollen Sie trinken?
(zum Mann/zur Frau)

mere lie ek câe, plîz [please]**!**
meine für eins Tee(w), bitte
Einen Tee bitte!

âp ke bacce bahut acche haiñ.
Sie von Kinder(m,Mz) sehr gut sind
Ihre Kinder sind sehr nett.

shukriyâ! âîe khânâ tayyâr hai!
danke, komm-Sie! Essen(m) fertig ist
Danke! Kommen Sie, das Essen ist fertig!

Wenn man gehen will, muss man schon sehr diplomatisch sein, um nicht den Eindruck zu erwecken, dass es einem nicht gefallen hat. Man kann zum Beispiel Folgendes sagen:

is da'vat ke lie bahut shukriyâ!
jene Einladung[g](w) von für sehr danke
Vielen Dank für die Einladung!

inshâ' allâh ham phir mileñge!
wenn-will Gott(m) wir wieder reden-werden(m,Mz)
Gute Nacht und hoffentlich bis bald!

chudâ hâfiz!
Gott(m) schütze
Auf Wiedersehen!

Religion, Kalender & Feiertage

Die Staatsreligion Pakistans ist der Islam. Schon ab dem 11. Jahrhundert versuchten die arabischen und persischen Moslems, Südasien zu missionieren. Die Pakistanis sind mehrheitlich Sunniten, aber es gibt große schiitische und andere Minderheiten sowie die Ahmadiyya.

Vielen dieser Untergruppen ist gemein, dass sie Bräuche und Riten haben, die es in den meisten anderen islamischen Staaten nicht gibt. So sieht man oft Mausoleen und andere Schreine, die an Heilige aus dieser Region erinnern. Die Ahmadiyyas glauben sogar an einen weiteren Propheten nach Mohammed: Hazrat Mirza Ghulam Ahmad aus dem Pandschab. Die Sufis sind ein gutes Beispiel für einen etwas anderen Islam. Ihre Feste in der Provinz Sindh und im Pandschab sind übrigens für den interessierten Reisenden ein absolutes Muss.

Auch der Monat Muharram mit seinen Selbstgeißelungsprozessionen in speziell schiitischen Gebieten, wie zum Beispiel in Peshawar, sind äußerst sehenswert.

Die Prozessionen sind sehenswert, weil sie einen sehr mystischen und geheimnisvollen Islam wiederspiegeln und gar nicht so blutrünstig sind, wie es klingt.

Pakistan ist ein sehr religiöses Land, und auch in islamischen Gegenden Indiens sollte man davon ausgehen, dass man es mit sehr gläubigen Menschen zu tun hat. Der Islam regelt das gesamte Leben der Einheimischen und ist dabei viel tiefer in den familiären und zwischenmenschlichen Strukturen des Alltags ausgeprägt als das Christentum bei uns. Als Besucher in Pakistan oder dem moslemischen Indien sollte man Verständnis, Toleranz und Rücksicht für die Vorstellungen, Riten und Gebräuche der Gläubigen mitbringen. Kritik und Vergleiche zum „Westen" sind nicht angebracht und sollten unbedingt vermieden werden. Die Frage nach der Konfession ist bei Ausländern übrigens üblich. Man sollte hierauf immer antworten, dass man gläubig ist. Die Religion ist zweitrangig, obwohl man als Christ sicher am besten ankommt. Atheismus dagegen löst nur Unverständnis aus. Nicht-Moslems dürfen in Indien Moscheen normalerweise betreten, in Pakistan sollte man lieber vorher fragen.

kyâ maiñ is masjid meñ dâchil ho saktâ/saktî hûñ?
was ich dieser Moschee[g](w) in rein sein(–) können(m/w) bin
Darf ich diese Moschee betreten?
(sagt Mann/Frau)

kyâ âp musalmân haiñ?
was Sie Moslem sind
Sind Sie Moslem?

jî nahîñ, maiñ 'îsâ'î hûñ.
Seele(m) nicht, ich Christ bin
Nein, ich bin Christ.

mazhab	Religion
islâm	Islam
sunna	Sunna (Gemeinde der Sunniten)
shi'a	Schi'ia (Gemeinde der Schiiten)
ahmadiyya	Ahmadiyya
musalmân	Muslim
sunni	Sunnite
shi'i	Schiite
ahmadî, qadiyânî	Ahmadi
'îsâ'i mazhab	Christentum
'îsâ'i	Christ; christlich
yahûdi	Jude; jüdisch
namâz (w)	Gebet
namâz paṟhnâ	beten
hijra	Pilgerfahrt nach Mekka
qur'ân sharîf *Koran ehrwürdig*	Koran
hadîth	Hadith (Aussprüche Mohammeds)
masjid (w)	Moschee
minâra	Minarett
mihrâb	Gebetsnische
qibla	Gebetsrichtung
maqbarâ	Mausoleum
rasûl	Prophet (Mohammed)
pîr	islamischer Heiliger
imâm	Vorbeter der Sunniten
mullah	schiitischer Geistlicher
maulvî	Priester
sharî'a	islamisches Recht

Kalender

roz	Tag
haftâ	Woche
mahîna	Monat
sâl, baras	Jahr
pichle sâl *voriges(g) Jahr*	letztes Jahr
agle sâl *nächstes(g) Jahr*	nächstes Jahr

Wochentage

itvâr	Sonntag
pîr, somvâr	Montag
mangal	Dienstag
budh	Mittwoch
jumi'rât	Donnerstag
jum'a	Freitag
hafta, sanîcar	Samstag

Freitag ist der religiöse Feiertag. Somvâr für „Montag" wird v. a. im Pandschab verwendet, und sanîcar ist eigentlich der Name des Planeten Saturn, der für viele Pakistanis Unglück bedeutet. Vorsicht also mit dem Gebrauch!

maiñ agle mangal ko âûñgâ/âûñgî.
ich nächster(g) Dienstag(m) nach kommen-werde(m/w)
Ich komme am nächsten Dienstag.
(sagt Mann/Frau)

jum'a ko mujhe fursat nahîñ hai.
Freitag(m) nach mir Freizeit(w) nicht ist
Freitags habe ich keine Zeit.

Monate

Grundsätzlich gibt es in Pakistan und im moslemischen Indien zwei Zeitrechnungen. Erstens die gregorianische, die bei allen weltlichen Zeitangaben verwendet wird, und zweitens die islamische (hijra), die v. a. religiöse Feste und Feierlichkeiten anzeigt.

Hier die arabischen Monatsnamen des moslemischen hijra-Kalenders.

al-muharram	1. Monat
safar	2. Monat
rabî' al-awwal	3. Monat
rabî' as-sâni	4. Monat
jumâda al-ûla	5. Monat
jumâda al-âchira	6. Monat
rajab	7. Monat
sha'bân	8. Monat
ramazân	9. (Fasten-)Monat
shawwâl	10. Monat
zû al-qa'da	11. Monat
zû al-hijja	12. (Pilger-)Monat

Beachten Sie, dass der islamische Kalender nur 354 Tage hat. Die Monate haben immer 30 Tage und „wandern" durch das gregorianische Jahr.

Die Namen der folgenden gregorianischen Monate sind vom Englischen abgeleitet. Sie sind vor allem im Geschäftsleben wichtig.

janvarî	Januar	**julâî**	Juli
farvarî	Februar	**agast**	August
mârc	März	**sitambar**	September
aprail	April	**aktûbar**	Oktober
maiy	Mai	**navambar**	November
jûn	Juni	**disambar**	Dezember

Datum

âj kî târîch kyâ hai?
heute von(w) Datum(w) was ist
Was ist das heutige Datum?

Um das Datum zu beschreiben, braucht man die Ordnungszahlen.

âj maiy [May] **kî pehlî târîch hai!**
heute Mai(m) von(w) erste(w) Datum(w) ist
Heute ist der erste Mai.

âj aprail [April] **kî pandravîñ târîch hai.**
heute April von(w) fünfzehnte(w) Datum(w) ist
Heute ist der 15. April.

merî sâlgirah janvarî [January] **kî cauthî târîch hogî.**
mein(w) Geburtstag(w) Januar von(w) vierte(w) Datum(w) sein-wird(w)
Ich habe am 4. Januar Geburtstag.

navambar [November] **ko maiñ jarmanî** [Germany] **vâpas jâûngâ/jâûngî.**
November(m) nach ich Deutschland(m) zurück gehen-werde(m/w)
Ich werde im November nach Deutschland zurückfahren. *(sagt Mann/Frau)*

Jahreszeiten

mausam, fasl	Jahreszeit
bahâr	Frühling
garmî	Sommer
chazâñ	Herbst
sardî	Winter

Für „Winter" verwendet man im Urdu auch das persische Wort zamastân.

islamische Feiertage

Der islamische Feiertag ist der Freitag. Obwohl in Pakistan aufgrund des britischen Erbes der Sonntag arbeitsfrei ist, strömen Freitag mittags die Gläubigen in die Moscheen und verrichten das gemeinsame Gebet.

Im Fastenmonat ramazân wird über 30 Tage von Sonnenaufgang bis Sonnenuntergang weder gegessen, getrunken noch geraucht. Das Ende des Fastenmonats heisst 'îd-ul-fitr oder einfach nur îd. Hier darf das erste Mal das Fasten wieder gebrochen werden.

'îd-ul-azhâ erinnert an Abrahams Einverständnis, seinen Sohn Isaak zu opfern. Bei diesem Fest opfert der gläubige Moslem eine Ziege (bakrî). Aus diesem Grund wird das Fest auch bakrî 'îd („Ziege Fest") genannt.

Der Trauermonat muharram erinnert an den Tod des Märtyrers Imam Hussain. Schiiten geißeln sich selbst als Ausdruck des Schmerzes über dessen gewaltsamen Tod.

Essen & Trinken

Die Küche des indischen Subkontinents alleine ist schon eine Reise wert. Ob man privat, im Restaurant oder an einer der zahlreichen Straßenküchen isst – es ist fast immer ausgezeichnet.

nâshtâ	Frühstück
do pahar kâ khânâ	Mittagessen
rât kâ khânâ	Abendessen

Frühstück

Das pakistanische Frühstück (nâshtâ) ist nicht sehr wichtig und besteht nur aus Brot, Toast, etwas Butter, manchmal Ei und dazu Tee.

roṯî (w), **capâtî** (w)	Brot
ḏabal [double] **roṯî** (w), **ṯosṯ** [toast]	Toast
makhan	Butter
anḏâ	Ei
âmleṯ [omelette]	Omelett
câe (w)	Tee
dûdh	Milch

Mittag- & Abendessen

Die Grundlage für eine pakistanische Speise ist immer Fladenbrot (roṯî/capâtî). Es wird zu jeder Mahlzeit frisch auf einer Eisenplatte (tavâ) zubereitet. Meist isst man Curries, also Fleisch- oder Gemüsegerichte, die in einer stark gewürzten Sauce gekocht werden. Jede Gegend des Landes hat ihre eigene Methode, Curries zuzubereiten. Einige wichtige sind zum Beispiel:

qormâ
Fleisch wird in Joghurt eingelegt und dann in einer braunen Sauce gekocht
roghan josh
ein rotes Curry mit Hammel- oder Lammfleisch
âlû gobhî
ein Kartoffel-Blumenkohl-Curry
matar panîr
ein aus Käse bestehendes Curry
pâlak panîr
ein Käse-Spinat-Curry

Außer Curries isst man auch viel Dhal. Dieses Gericht besteht aus gekochten Kichererbsen und Linsen und kann ebenfalls mit Fladenbrot gegessen werden. Die wichtigsten Dhal-Sorten sind:

mûñg kî dâl	gelbes Dhal
arhar kî dâl	braunes Dhal
masûr kî dâl	rotes Dhal
mâsh kî dâl	schwarzes Dhal
cane kî dâl	braunes Dhal (oft auch gebraten)

Die einzelnen Regionen Pakistans haben auch wieder ihre eigene Art, Dhal zuzubereiten bzw. die verschiedenen Sorten zu vermischen.

Die Moghulen hinterließen dem indischen Subkontinent außerdem eine Küche, die v. a. Fleisch in verschiedensten Arten brät oder grillt. Grundlegend ist hierbei der Tandoor (tandûr), eine Art Holzkohlenofen. Diese Küche nennt man Mughlai (mughlaî); sie ist speziell in Restaurants oft zu finden.

koftâ
Hackfleischbällchen in Sauce
kabâb
Hammel- oder Lammfleischspießchen
shâmî kabâb
Fleischkoteletts
sîch kabâb
gebratene Fleischspießchen
tandûrî cikan [chicken]
Hähnchen im Tandoor-Ofen gebraten

Zu Mughlai-Gerichten isst man statt roṯî auch oft tandûrî roṯî oder nân, die auch beide im Tandoor-Ofen zubereitet werden. Zu all diesen Gerichten bekommt man rohe Zwiebeln, Zitronen, in Chili eingelegte Limonen (acâr) und verschiedenste mehr oder weniger scharfe Chutneys (catnî).

Der eigentlich typische Reis (câval) wird in Pakistan wegen des verhältnimäßig hohen Preises nur zu Festmahlen gereicht. Dazu gibt es auch oft Pilau (pulâv), ein in Kochfett (ghî) gekochter gelber Reis, der gerne mit Kumin (zirâ) gewürzt wird und dem Pistazien (pistâ), Rosinen (kishmish), Mandeln (bâdâm) oder andere Zutaten beigefügt werden. Bei biryânî wird gebratener Reis mit Hähnchen- oder Lammfleisch vermischt und mit Joghurt (dahî) gegessen. raitâ ist eine Sauce aus Joghurt und Gurken, die einen perfekten Gegensatz zum scharfen Essen darstellt.

Snacks für Zwischendurch

In Pakistan und Indien gibt es zahllose Garküchen und Essensstände (d̲hâbâ), die unendliche viele Köstlichkeiten für den Hunger zwischendurch verkaufen. Hier eine Auswahl:

parât̲hâ	mit Kartoffeln, Käse oder Ähnlichem gefüllte Rotis
samosâ	mit Gemüse oder Fleisch gefüllte Teigtaschen
pânî pûr̲î	kleine Brötchen, in die eine scharfe Flüssigkeit gefüllt wird
bhel pûr̲î	eine Art Salzsnack, kleine Brötchen, auf die Salz gestreut wird
pakaur̲e	in Kichererbsenteig fritiertes Gemüse

Wem das jetzt alles zu exotisch ist, dem sei an dieser Stelle gesagt, dass es auch immer mehr Restaurants mit kontinentaler und chinesischer Küche gibt.

Zutaten

Fleisch

gosht	Fleisch
machlî (w)	Fisch
murghî (w)	Hähnchen
bher	Lamm
gây (w)	Rind, Kuh
bakrî (w)	Ziege

Gemüse

sabzî (w)	Gemüse
baiñgan	Aubergine
(phûl) gobhî (w)	Blumenkohl
bîns [beans]	grüne Bohnen
matar	Erbsen
gâjar (w)	Karotte
âlû	Kartoffel
band gobhî (w)	Kohl
kaddû	Kürbis
dâl (w)	Linsen
bhindî (w)	Okra (Ladyfingers)
pâlak	Spinat
tamâtar	Tomate
pyâz (w)	Zwiebel

Gewürze

masâlâ	Gewürz
hîñg	Asafoetida
tulsî (w)	Basilikum
methî (w)	Bockshornklee
mirc (w)	Chili
adrak	Ingwer
ilâycî (w)	Kardamon
lahsun	Knoblauch
dhaniyâ	Koriander
zîrâ, jîrâ	Kumin
haldî (w)	Kurkuma (Gelbwurzel)
pudînâ	Minze
kesar	Safran
namak	Salz
sarsoñ (w)	Senf
imlî (w)	Tamarinde
dâl cînî (w)	Zimt
cînî (w), **shakar**	Zucker

Asafoetida – *wegen seines unangenehmen Geruchs, der beim Kochen allerdings verfliegt, auch „Teufelsdreck" genannt – gehört zu indischen vegetarischen Gerichten unbedingt dazu!*

Getränke

Das am häufigsten getrunkene Getränk (maṣhrûb) Pakistans ist schwarzer Tee. Er wird meist mit Zucker (cînî) und Milch (dûdh) aufgekocht und heißt dûdh vâlî câe. Oft werden ihm auch noch Gewürze hinzugefügt und dann nennt man ihn masâlâ câe. Die britische Teestunde zwischen 16 und 18 Uhr hat sich auch in Pakistan und Indien noch erhalten. Im Nordwesten Pakistans sowie nach Mahlzeiten allgemein wird auch grüner Tee (qahvah) getrunken. Zum Essen dagegen trinkt man Wasser, das in Restaurants nicht immer gefiltert oder aufgekocht ist. Vorsicht also!

câe (w)	schwarzer Tee
dûdh vâlî câe (w) *Milch Besitzerin(w) Tee(w)*	Tee mit Milch
masâlâ câe (w) *Gewürz(m) Tee(w)*	Tee mit Gewürzen (v. a. Ingwer und Kardamon)
qahvah (w)	grüner Tee
kâfî [coffee] (w)	Kaffee (normalerweise immer mit Milch serviert)
cînî ke baghair *Zucker(w) von ohne*	ohne Zucker
cînî ke sâth *Zucker(w) von mit*	mit Zucker
dûdh	Milch
pânî	Wasser
ublâ pânî	abgekochtes Wasser
minaral vâtar [mineral water]	Mineralwasser (im Gegensatz zu Leitungswasser)
sodâ [soda]	Sprudelwasser
sauft drink [soft drink]	Limonade
pepsî	Cola
pâk kolâ	Pak-Cola
sharbat (w)	selbstgemachte Limo
sikañj bîn	Getränk aus Zitrone, Zucker und Wasser
frut jûs [fruit juice]	Fruchtsaft
lassî (w)	Joghurtgetränk

Natürlich gibt es auch ein reichhaltiges Angebot an Fruchtsäften und international bekannten Softdrinks.

Obst & Süßspeisen

phal	Obst
anannâs	Ananas
seb	Apfel
âṟû	Aprikose
kelâ	Banane
nâshpâtî (w)	Birne
khajûr	Dattel
anâr	Granatapfel
amrûd	Guave
mausambî (w)	süße Limone
âm	Mango
c̲h̲arbûza	Melone
santarâ, nârangî (w)	Orange
âlû buc̲h̲ârâ *Kartoffel(m) Bukhara*	Pflaume
tarbûz	Wassermelone
angûr	Weintrauben
lîmûñ, nîñbû	Zitrone

buc̲h̲ârâ *ist ein Ort in Usbekistan.*

In Pakistan ist aber auch der Nachtisch nicht zu verachten. Oft wird einfach nur Obst gegessen.

rasgullâ
zuckersüße Bällchen aus Milch
gulâb jâmum
auch kleine Bällchen aus Milch, aber mit Zuckersirup
khîr
eine Art Reispudding mit Rosinen (kishmish) und Cashew-Nüssen (kâjû)

An Süßspeisen (mîṯhe) *gibt es natürlich auch jede Menge!*

barfî	
eine Milchdelikatesse, die an Marzipan erinnert	
rasmalâî	
eine Creme-Speise mit reichlich Sirup	
jalebî	
eine in Öl herausgebratene, gelbe Süßspeise	
qulfî	
pakistanisches Eis, oft mit Pistazien (pistâ)	

rauchen & Drogen

Pakistanische Männer runden das Essen oft ab, indem sie entweder eine Zigarette oder eine Wasserpfeife rauchen. Im Pandschab und v. a. in Karachi kaut man auch gerne ein paar Betelnüsse, die in ein Blatt gewickelt werden.

sigreṯ [cigarette] (w)	Zigarette
lâiṯar [lighter]	Feuerzeug
mâcis [matches] (w)	Streichhölzer
sigreṯ pînâ *Zigarette(w) trinken*	rauchen
tambâkû [tobacco]	Tabak
huqqâ, cilam	Wasserpfeife
nasvâr	Kautabak
pân	Betelnussmischung
pân vâlâ	Betelnussverkäufer

Achtung: Noch etwas zum Thema Drogen (nashîlî davâ). In Pakistan sind viele harte Drogen relativ „problemlos" erhältlich. Das geht von einfachem Hanf (gânjâ) bis zu (aus Afghanistan geschmuggeltem) Heroin und Opium (afîm). Die Gesetze sind sehr streng: Auf Drogenbesitz steht von mehreren Jahren Gefängnis bis zur Todesstrafe alles Erdenkliche. Einige Stämme in den Tribal Areas rauchen traditionell Blätter, die zwar als Drogen bekannt sind, aber, da es sich eben um Traditionen handelt, von den einheimischen Behörden ignoriert werden. In Großstädten wie Karachi gibt es ein enormes Drogenproblem, und man sieht oft Abhängige (afîmcî). Als Ausländer sollte man unbedingt jeden Kontakt mit Drogen weiträumig vermeiden, da die örtliche Polizei hier sehr sensibel reagiert.

im Restaurant

Speisekarten gibt es vor allem in einfachen Lokalen nicht. Trinkgelder liegen auch in Pakistan und Indien etwa bei 10 %. Den Kellner in einem einfachen Lokal kann man mit bhâî sâhib (Bruder) anreden. In teuren Restaurants sprechen die Kellner meist gut Englisch.

yeh batâîe, kyâ âp ko yahâñ ek acchâ restorant [restaurant] **ma'lûm hai?**
dieser sag-Sie!, was Sie nach hier eins gut Restaurant(m) bekannt ist
Sagen Sie, kennen Sie hier ein gutes Restaurant?

assalâmu 'alaikum, âp log kitne haiñ?
der-Friede über-euch, ihr Leute(m,Mz) wieviel seid
Seien Sie willkommen! Wie viele sind Sie?

ham tîn log haiñ!
wir drei Leute(m,Mz) sind
Wir sind zu dritt!

yahâñ kaunsâ khânâ milegâ?
hier welcher Essen(m) finden-wird(m)
Was haben Sie zu essen?

zarâ menyû [menu] **dîjîe!**
wenig Speisekarte(m) gib-Sie!
Zeigen Sie uns bitte die Speisekarte!

qormâ milegâ?
Korma(m) finden-wird
Haben Sie Korma?

mujhe qormâ aur roṯî câhîe!
mir Korma(m) und Roti(w) wollend
Ich hätte gerne „Korma" und „Roti"!

hameñ ek pâlak panîr aur ek cikan [chicken] **biryânî câhîe!**
uns eins Spinat(w) Käse(m) und eins Hähnchen Biryani(w) wollend
Wir möchten ein „Palak Panir" und ein „Chicken Biryani"!

zarâ ham ko minaral vâṯar [mineral water] **lâîe!**
wenig wir nach Mineralwasser(m) bring-Sie!
Bringen Sie uns bitte Mineralwasser!

restorant	Restaurant
khânâ	essen
pînâ	trinken
paise denâ	bezahlen
mez (w), **jagah**	Tisch
glâs [glass]	Glas
plet [plate] (w)	Teller
churî (w)	Messer
cammac	Löffel
kâñtâ	Gabel
râkhdân	Aschenbecher
tûthpik [toothpick]	Zahnstocher
berâ [bearer]	Kellner

thandâ	kalt	**garam**	warm, heiß
mîthâ	süß	**khatâ**	sauer
tîkhâ	scharf	**tâzâ**	frisch

sirf kam mirc dâlîe!
nur wenig Chili(w) reintu-Sie!
Machen Sie es nicht so scharf!

pepsî meñ barf na dâlîe!
Cola in Eis(w) nicht reintu-Sie!
Geben Sie kein Eis in meine Coca Cola!

bismillâh!
Im Namen Gottes! *(sagt man, bevor man isst)*

yeh khânâ bahut mazedâr thâ!
dieses Essen(m) sehr lecker war
Das Essen war hervorragend!

bhâî sâhib, bil [bill] **lâo!**
Bruder(m) Herr(m), Rechnung bring-!
Herr Ober! Die Rechnung bitte!

In vielen Lokalen bekommt man eine Rechnung, die man dann beim Chef an der Kasse zu bezahlen hat.

Kaufen & Handeln

Bereits den britischen Handlungsniederlassungen wurde schnell klar, wie geschäftstüchtig die Menschen des indischen Subkontinents mit dem Überangebot ihrer Waren umgingen.

Da hat sich auch bis heute nichts verändert: Ob auf Märkten, in den Bazars oder in einigen Geschäften, in Hotels, bei Fahrzeugvermietungen oder mit Taxi- und Rikschafahrern – das Handeln ist üblich, und man sollte ruhig auch davon Gebrauch machen. Es ist eine alte Tradition und eine echte Kunst.

maiñ ... <u>ch</u>arîdnâ câhtâ/câhtî hûñ!
ich ... kaufen wollen(m/w) bin
Ich möchte ... kaufen. *(sagt Mann/Frau)*

maiñ sirf dekh rahâ/rahî hûñ!
ich nur schauen(–) blieb(m,w) bin
Ich schaue nur etwas! *(sagt Mann/Frau)*

zarâ mujhe ... dikhâ dîjîe!
wenig mir ... zeigen(–) gib-Sie!
Zeigen Sie mir bitte ...!

kuch aur milegâ?
etwas mehr treffen-wird(m)
Gibt es auch andere?

yeh mujhe (nahîñ) pasand hai.
dieser mir (nicht) gefallend ist
Das gefällt mir (nicht).

Da man keine allgemein gültigen Regeln aufstellen kann, wie man sich beim Handeln zu verhalten hat, sind hier einfache Richtlinien angeführt.

Erstens sollte man nie die Geduld verlieren. Ein gutes Geschäft dauert unter Umständen einige Stunden, wenn nicht sogar Tage. Zweitens sollte man freundlich bleiben. Handeln ist ein Spiel, bei dem letztendlich beide Verhandlungspartner den besten gemeinsamen Nenner erzielen wollen. Fragen Sie ruhig zuerst nach dem Befinden des Verkäufers und plaudern Sie möglichst viel mit ihm auf Urdu, damit er erkennt, dass Sie sich auskennen und nicht leicht „über den Tisch zu ziehen" sind. Drittens muss man nicht sofort beim Erstbesten kaufen. Es ist sinnvoll, sich umzuschauen und Preise zu vergleichen. Und auch das: Handeln ist mit Humor und „Theaterspielen" verbunden, so kann man Witze machen und sich originelle Gründe einfallen lassen, um etwas billiger zu bekommen.

Wenn man erst einmal auf den Geschmack des Handelns gekommen ist, kann man nicht mehr davon lassen.

Auch Weggehen hilft oft: Man wird vom Verkäufer zurückgerufen.

yeh kitnâ lagtâ hai?	**do sau rûpîe.**
dieser wieviel kosten(m) ist	*2 100 Rupees(w,Mz)*
Wie viel kostet das?	200 Rupees.

are bhâî! maiñ to milyunair [millionaire] **nahîñ hûñ!**
hey Bruder(m), ich doch Millionär nicht bin
Was?! Ich bin doch kein Millionär!

bhâî sâhib, yeh bahut maheñgâ hai ...
Bruder(m) Herr(m), dieser sehr teuer ist
Das ist sehr teuer Bruder ...

... mujhe aur acchî qîmat de do!
... mir mehr gut Preis(w) geben(–) gib-!
... du musst mir einen guten Preis machen!

jî nahîñ, yeh to maheñgâ nahîñ hai ...
Seele(m) nicht, dieser doch teuer nicht ist,
Nein, das ist doch nicht teuer ...

... yeh bahut sastâ hai.
... dieser sehr billig ist
... das ist sehr billig!

calo ek sau pacâs le lo!
geh-! eins hundert fünfzig nehmen(–) nimm-!
Hier nimm 150!

thîk hai! ek sau pacâs de do!
gut ist, eins hundert fünfzig geben(–) gib-!
O.k., gib mir 150!

kyâ tum kredit kard [credit card] **lete ho?**
was du Kredit Karte(m) nehmen(m,Mz) bist
Akzeptieren Sie Kreditkarten?

zarâ mujhe bâñd dîjîe!
wenig mir binden(–) gib-Sie!
Können Sie mir das einpacken?

Es ist interessant, in welchen Situationen die Einheimischen nach einem Preisnachlass fragen, und man kann das ruhig auch versuchen.

kyâ âp koî d̲iskâuñt̲ [discount] **dete/detî haiñ?**
was Sie einige Nachlass(m) geben(m,w/Mz) sind
Geben Sie einen Preisnachlass?
(zum Mann/zur Frau)

c̲h̲arîdnâ	kaufen
c̲h̲arîdârî karnâ	shoppen
becnâ	verkaufen
dekhnâ	anschauen
kî talâsh karnâ *von Suche(w) machen*	suchen
dikhânâ	zeigen
qîmat (w)	Preis
paise	Geld
maheñgâ	teuer
sastâ	billig, preiswert
d̲iskâuñt̲ [discount], **ri'âyat** (w)	Preisnachlass
bâzâr	Markt
dukân (w)	Laden, Geschäft
dukândâr	Ladenbesitzer
becne vâlâ *verkaufen(g) Besitzer(m)*	Verkäufer
saudâgar	Händler

Schmuck

zevrât	Schmuck
lâket [locket]	Anhänger, Medaillon
kangan, dost band	Armband
cûriyâñ (w)	Armreif der Frauen
brûc [brooch]	Brosche
sonâ	Gold
sone kâ zevrât	Goldschmuck
Gold(g)(m) von Schmuck(m)	
bâl-e pan	Haarklammer
Haar-von Klammer(m)	
nîkles [necklace]	Halskette
cain [chain]	Kette
tânbâ	Kupfer
nath (w)	Nasenring
bâliyâñ (w)	Ohrring
añgûthî (w)	Ring
dabâ	Schmuckschatulle
câñdî (w)	Silber

Kleidung

kapre	Kleidung
dhotî (w)	Dhoti (langes Lendentuch)
skârf [scarf], **dupattâ**	Halstuch
dastâne	Handschuhe
kurtâ, qamîz (w)	Hemd
paint [pants], **patlûn**	Hose
khâdî (w)	handgewebte Baumwollkleidung

Der pîjâmâ *ist ein indisches Gewand aus Baumwolle oder Leinen, das nur tagsüber getragen wird. Die Briten haben diese Gewänder adaptiert und als Nachtgewand nach England gebracht.*

lungî (w)	Lungi (kurzes Lendentuch)
pathânî sûṯ [suit]	Pathani Suit (Männer-Gewand)
pîjâmâ	Pyjama (wird den ganzen Tag getragen)
cappal	Sandalen
sâṟî (w)	Sari
jûte	Schuhe
resham	Seide
shalvâr qamîz (w)	traditionelles Gewand (Hemd und Hose)
moze	Socken
rûmâl	Taschentuch
dastâr (w)	Turban
koshish karnâ	anprobieren
Anstrengung(w) machen	

Kunsthandwerk & anderes

tasvîr (w)	Bild
mehndî (w)	Henna
lakṟî kî cizeñ	Holzschnitzereien
Holz von(w) Sachen(w,Mz)	
canbîlî (w)	Jasmin
kâjal	Kajal *(Augenschminke)*
ṯokrî (w)	Korb
hâth kî banî cîzeñ	Kunsthandwerk
Hand(m) von machte(w) Sachen(w,Mz)	
sangmarmar kâ sâmân	Marmorartikel
Marmor von Artikel(m)	

pîtal kâ sâmân *Messing(m) von Artikel(m)*	Messingartikel
bâjâ	Musikinstrument
but	Statue
câedânî (w)	Teekanne
pyâlî (w)	Teetasse
darî (w), **qâlîn**	Teppich

Maßangaben

In Indien und Pakistan benutzt man gleichermaßen europäische und anglo-amerikanische Maß- und Gewichtseinheiten. Typisch einheimische Größen gibt es nur noch vereinfacht und sie variieren sehr von Ort zu Ort.

grâm [gramme]	Gramm
kilugrâm [kilogramme]	Kilogramm
lîṯar [litre]	Liter

mujhe bîs lîṯar paiṯrol [petrol] **câhîe.**
mir zwanzig Liter Benzin wollend
Zwanzig Liter Benzin, bitte.

mujhe seb se ek kilugrâm câhîe.
mir Apfel(m) von eins Kilo wollend
Ich möchte ein Kilo Äpfel

ham ek boṯal pâk kolâ leñge.
wir eins Flasche(w) Pak Cola nehmen-werden(m,Mz)
Wir nehmen eine Flasche Pak-Cola.

Pak-Cola ist der pakistanische Versuch, Coca Cola zu imitieren. Tatsächlich ist es ein piksüßes Gebräu, das wenig mit Coke zu tun hat.

Unterwegs in Pakistan & Indien

Viele Möglichkeiten gibt es, um in Pakistan und Indien unterwegs zu sein.

zu Fuß

Es gibt zwar Stadtpläne, jedoch kennen die Menschen die Straßen meist unter einem anderen Straßennamen. Oft herrschen mündlich noch die alten englischen Namen vor, während offiziell die neuen Namen der Stadtplaner eingetragen sind. Wenn man nach dem Weg fragt, sollte man stets mehrere Personen fragen, da viele – selbst wenn sie nicht wissen, wo das Gefragte sich befindet – einen doch in eine x-beliebige Richtung schicken, nur um nicht zugeben zu müssen, dass sie es nicht wissen. Bedenken Sie auch immer, wen Sie fragen. So sollte man, wenn man das Nobelrestaurant im Polo-Club sucht, nicht den Zeitungsverkäufer an der Ecke fragen ...

Die Städte des Subkontinents kann man meist am besten zu Fuß erkunden.

yeh batâîe, bandar kahâñ hai?
dieser sag-Sie!, Hafen(m) wo ist
Verzeihung, wo ist der Hafen?

âge jâîe aur us ke ba'd bâîñ taraf muṟîe!
weiter geh-Sie! und jenem von nach links Seite(w) dreh-Sie!
Gehen Sie geradeaus und biegen Sie dann nach links ab!

yeh batâîe, jama' masjid kahâñ hai?
dieser sag-Sie! Versammlung(m) Moschee(m) wo ist
Sagen Sie mir bitte, wo ist die Jama' Masjid?

is sar̲ak meñ thor̲â pîche jâîe ...
dieser Strasse[g](w) in wenig zurück geh-Sie!
Gehen Sie diese Straße etwas zurück ...

... aur âp voh dekh sakeñge/sakeñgî!
... und Sie jener sehen(–)können-werden(m/w,Mz)
... und Sie werden sie sehen können!
(zum Mann/zur Frau)

Richtungshinweise

left̲ [left], **bâyâñ**	links
rayt̲ [right], **dâhinâñ**	rechts
sidhâ	geradeaus
yahâñ	hier
vahâñ	dort
idhar	hierher
udhar	dorthin
paidal calnâ	zu Fuß gehen
jânâ, calnâ	gehen
vâpas jânâ, laut̲nâ	zurückgehen
mur̲nâ	abbiegen
dûr	weit
qarîb, nazdîk	nahe
shimâl, uttar	Norden
janûb, dakkhin	Süden
maghrib, pûrab	Westen
mashriq, pacchim	Osten

mit dem Taxi

In indischen und pakistanischen Städten haben Taxis und Motorrikschas Zähler. Diese sind jedoch meist alt (und die Inflation groß) und zeigen einen Preis an, der nicht mehr aktuell ist. Die Fahrer haben aber eine Tabelle, um den angezeigten Preis in den gültigen (der natürlich höher ausfällt) umzurechnen. Oft ist es aber ein Problem, den Fahrer dazu zu bewegen, den Zähler einzuschalten. Nicht selten wird er darauf bestehen, einen Festpreis zu bekommen. Sollte das der Fall sein, muss man diesen Preis unbedingt vorher vereinbaren.

taiksî (w)	Taxi
rikshâ (w), **âto rikshâ** (w) [auto rickshaw]	Rikscha
drâivar [driver]	Fahrer
mitar [metre]	Zähler
shahr	Stadt
gâv	Dorf
bandar	Hafen
havâî addâ *luftig Platz(m)*	Flughafen

Alle Aktionen im Flugverkehr werden auf Englisch abgewickelt, und deshalb ist es auf dem Flughafen selber nicht notwendig, Urdu zu sprechen.

Oft nehmen Fahrer auch mehrere Gäste mit, und der Preis wird danach geteilt!

mujhe havâî addâ jânâ hai.
mir luftig Platz(m) gehen ist
Ich muss zum Flughafen.

mitar [metre] **se calo!**
Zähler[g] mit geh-!
Schalten Sie den Zähler ein!

Taxifahrer redet man meist in der tum-*Form an.*

bhâî/medem, mitar [metre] **charâb hai!**
Bruder(m)/Dame(w), Zähler(m) kaputt ist
Mein Zähler ist kaputt, mein Herr/ meine Dame.

to bolo! kitne paise lageñge?
so sprich-! wievielGeld(m,Mz) kosten-werden
Na gut, sagen Sie, wie viel das kosten wird.

fikr na kîjîe, bhâi sâhib/medem!
Sorge(m) nicht mach-Sie!, Bruder(m) Herr/ Dame(w)
Machen Sie sich keine Sorgen!

âp ke lie sirf ek sau pacâs rûpîe!
Sie von für nur eins hundert fünfzig Rupees(m,Mz)
Für Sie nur 150 Rupees!

thîk hai! calo!
gut ist fahr-!
In Ordnung fahren wir!

tashrîf rakhîe!
Ehre(w) stell-Sie!
Steigen Sie ein!

Über sein Fahrtziel sollte man immer etwas mehr als nur die Straße oder das Stadtviertel wissen. Zum Beispiel: „in der Nähe der Habib Bank“ oder so ähnlich. Erstens weil die Straßen sehr lang sein können und zweitens, weil die Taxifahrer nicht immer die Straßennamen kennen.

signail [signal] **se rayt̲** [right] **lenâ!**
Ampel[g](m) von rechts nehmen
Fahren Sie an der Ampel rechts!

pait̲rol pamp [petrol pump] **ke pîche left̲** [left] **lenâ!**
Erdöl(m) Pumpe[g](m) von hinter links nehmen
Fahren Sie nach der Tankstelle nach links!

sidhâ calo!
geradeaus fahr-!
Fahren Sie geradeaus!

ruko!
halt-!
Halten Sie!

mit dem Bus

Busse sind gute Fortbewegungsmittel. Es gibt in den meisten Städten Nahverkehrsbusse, die eine billige Alternative zu Taxis sind, aber oft brechend voll sind. Im Überlandverkehr werden auch Busse eingesetzt, wobei diese, aufgrund der schlechten Strassenverhältnisse, nicht immer ganz sicher sind.

bas [bus] (w)	Bus
t̲ikat̲ [ticket] (m, auch: w)	Fahrkarte
ek tarfâ t̲ikat̲ *eins Richtung(m) Fahrkarte(m)*	einfache Fahrkarte
vâpasî kâ t̲ikat̲ *Rückfahrt(w) von Fahrkarte(m)*	Hin und Rückfahrkarte
bas ist̲âp [bus stop]	Bushaltestelle
bas ist̲eshan [bus station]	Busbahnhof

carhnâ	einsteigen
utarnâ	aussteigen
drâivar [driver]	Fahrer
savârî (w), **musâfir**	Passagier
darja	Klasse (im Bus/Zug)
sâmân	Koffer, Gepäck
sît [seat] (w)	Sitzplatz
buking [booking], **riserf** [reserve]	Reservierung

Die vier Provinzen Pakistans heißen:

sûba-e pañjâb *Provinz-von Pandschab*	Pandschab
sûba-e sindh *Provinz-von Sindh*	Sindh
sûba-e balocistân *Provinz-von Beludschistan*	Beludschistan
sûba-e sarhad-e shimâl maghrib *Provinz-von Grenze-von Nord West*	Nord-West Grenz-provinz (NWFP)

Übrigens: Das Wort pañjâb kommt aus dem Persischen und heißt „fünf Wässer" – also das Land, wo die fünf Ströme Jhelum, Chenab, Ravi, Beas und Satluj zusammenfließen und den Indus (sindh) bilden.

kaunsî bas [bus] **lâhaur jâtî hai?**
welcher Bus(w) Lahore gehen(w) ist
Welcher Bus fährt nach Lahore?

yeh bas [bus] **peshâvar jâne vâlî hai, na?**
dieser Bus(w) Peshawar gehen(g) Besitzerin(w) ist, nicht
Dieser Bus fährt doch nach Peshawar, oder?

kab jâegî?
wann gehen-wird(w)
Wann fährt er ab?

mujh ko âne vâle is<u>t</u>âp [stop] **meñ utar do!**
mir zu kommen(g) Besitzer(g)(m) Stopp in aussteigen(–) gib-!
Ich möchte an der nächsten Haltestelle aussteigen!

Auf Überlandbussen der Luxusklasse (deluxe oder luxuary class) werden Filme auf Urdu und Hindi gezeigt. Also eine gute Gelegenheit, seine Kenntnisse zu verbessern!

is bas meñ vi<u>d</u>iyo isis<u>t</u>em [video system] **hotâ hai?**
diese Bus[g](w) in Video System(m) sein(m) ist
Gibt es in diesem Bus ein Videogerät?

mit dem Zug

Viel sicherer als mit dem Bus ist es, mit dem Zug zu reisen. Pakistans und Indiens Bahnnetze gehören zu den größten, und schon alleine deswegen gehört eine Reise mit dem Zug unbedingt dazu. Um mit dem Zug zu fahren, braucht man, anders als bei uns, eine Fahrkarte ausgestellt auf einen ganz bestimmten Tag, einen bestimmten Zug und einen Sitzplatz. Es ist keine schlechte Idee, einige Tage vor Abfahrt zu reservieren, da Züge sehr voll sein können. Das gilt an Feiertagen um so mehr. Für einige Züge gibt es eigene Fahrkartenkontingente für Touristen (tourist quota).

relve [railway] (w)	Eisenbahn
relgâ<u>r</u>î (w), **<u>t</u>ren** [train] (w)	Zug
is<u>t</u>eshan [station]	Bahnhof
pehlâ darja	erste Klasse
dusrâ darja	zweite Klasse
riâyat (w)	Ermäßigung
<u>t</u>ika<u>t</u> [ticket] (m, auch: w)	Ticket
râstâ	Weg, Strecke
safar	Reise
safar karnâ *Reise machen*	verreisen

mujhe karâcî haidarâbâd kî <u>t</u>ren [train] **ek <u>t</u>ika<u>t</u>** [ticket] **câhîe.**
mir Karachi Hydarabad von Zug(w) eins Fahrkarte(m) wollend
Ich möchte eine Fahrkarte für den Zug von Karachi nach Hydarabad.

islâmâbâd yahâñ se kitne kilumî<u>t</u>ar haiñ?
Islamabad hier[g] von wieviele(m,Mz) Kilometer(m) sind
Wie viele Kilometer sind es von hier nach Islamabad?

Längenmaße

iñc [inch]	Inch (1 Inch = 2,54 cm)
fiṭ [feet]	Feet (1 Foot = 0,30 m)
miṭar [metre]	Meter
kilumiṭar [kilometre]	Kilometer

Übrigens sollten Sie in Pakistan lieber nach der Dauer der Fahrt fragen und nicht nach den Kilometern, da die Relation in keinster Weise etwas mit europäischen Standards zu tun hat und man Hochrechnungen wie 100 Km = 1 Stunde unbedingt vermeiden sollte – das gilt natürlich noch mehr im Gebirge. Ich brauchte in einem Zug einmal 18 Stunden für eine Strecke von 350 Km ...

jâne meñ kitnâ vaqt lagtâ hai?

gehen(g) in wieviel Zeit(m) fühlen(m) ist
Wie lange dauert die Fahrt?

Wer preußische Pünktlichkeit gewohnt ist, wird auf dem Subkontinent ab und zu auf eine Zerreißprobe gestellt.

Die Züge sind leider sehr oft verspätet oder sogar gestrichen.

bad qismatî se yeh ṭren leṭ [late] ho gaî hai.

schlecht schicksalshaft[g] von dieser Zug(w) zu-spät sein(–) ging(w) ist
Dieser Zug ist leider verspätet.

kitnî der ho gaî?

wieviel Verspätung(w) sein(–) ging(w)
Wie viel ist er denn verspätet?

sirf pandrah ghanṯe.
nur fünfzehn Stunden(m,Mz)
Nur um 15 Stunden.

ṯren kaiñsil [cancel] **ho gaî hai!**
Zug(w) gestrichen sein(–) ging(w) ist
Der Zug wurde gestrichen!

selbst am Steuer

Wer noch unabhängiger unterwegs sein will, kann sich sein eigenes Fahrzeug mieten oder gar kaufen. Immer mehr Besucher erkunden den Subkontinent mit Motorrädern, und auch das Fahrrad bzw. Motorroller sind sehr beliebt. Mietautos sollte man allerdings nur inklusive Fahrer mieten, da der Preis nur geringfügig variiert.

maiñ moṯarsâikil [motorcycle] **kirâye par lenâ câhtâ/câhtî hûñ.**
ich Motorrad(w) Miete(g)(m) auf nehmen wollen(m/w) bin
Ich möchte ein Motorrad mieten.
(sagt Mann/Frau)

roz/hafte kâ kirâyâ kitnâ hai?
Tag(m)/Woche(g)(m) vonMiete(m) wieviel ist
Wie viel kostet das pro Tag/Woche?

kyâ yeh peshâvar vâlî saṟak hai?
was dieser Peshawar Besitzerin(w) Strasse(w) ist
Führt diese Straße nach Peshawar?

signail [signal]	Ampel
gâṟî (w)	Auto
baiṯrî [battery] (w)	Batterie
paiṯrol [petrol]	Benzin
brek [brake]	Bremse
sâikil [cycle] (w)	Fahrrad
gîr [gear]	Gang
hailmeṯ [helmet]	Helm
naqshâ	(Land-)Karte
reḏiyeṯar [radiator]	Kühler
klac [clutch]	Kupplung
hainḏalbâr [handlebars]	Lenkstange
battiyâñ (w)	Lichter, Blinker
havâ	Luft
injin [engine]	Motor
moṯarsâikil [motorcycle](w)	Motorrad
skûṯar [scooter], **kâineṯik** [kinetic]	Motorroller; Mofa; Moped
tel	Öl
pahiyâ	Rad
ṯâyar [tyre]	Reifen
marammat karnâ	reparieren
ṯaink	Tank
paiṯrol pamp [petrol pump]	Tankstelle
dekhnâ	überprüfen; checken
hâdsâ	Unfall
bîma, inshurens [insurance]	Versicherung

an der Tankstelle & Panne

yahâñ paiṯrol pamp [petrol pump] **kahâñ hai?**
hier Erdöl Pumpe(m) wo ist
Wo gibt es hier eine Tankstelle?

tel aur pânî dekhîe!
Öl(m) und Wasser(m) sieh-Sie!
Überprüfen Sie Öl und Wasser!

kyâ âp merî moṯarsâikil [motorcycle] **kî marammat kar sakte haiñ?**
was Sie mein Motorrad(w) von Reparierung(w) machen(–) können(m,Mz) sind
Könnten Sie mein Motorrad reparieren?

injin [engine] **nahîñ caltâ!**
Motor(m) nicht funktionieren(m)
Der Motor funktioniert nicht.

injin [engine] **garam ho gayâ!**
Motor(m) heiß sein(–) ging(m)
Der Motor läuft heiß!

ṯâyar [tyre] **phaṯ gayâ hai.**
Reifen(m) platzen(–) ging(m) ist
Ich habe eine Reifenpanne!

pûrâ ṯaink [tank] **bhar dîjîe!**
ganz Tank(m) voll gib-Sie!
Volltanken, bitte!

Auf dem Land & Trekking

In Indien und Pakistan unterscheidet sich das Leben in der Stadt grundlegend von dem auf dem Land.

auf dem Land

Während man sich in den Großstädten ganz bewusst weltoffen, mondän und fortschrittlich zeigt, ist die Landbevölkerung traditionalistisch und oft sehr religiös. Man ist aber offenherzig und großzügig.

Wenn Sie als Fremder in ein Dorf kommen, sollten Sie umgehend Kontakt mit den Einheimischen aufnehmen, um nicht als unerwünschter Eindringling zu gelten. In der nord-westlichen Grenzprovinz gibt es eigene Regeln und ungeschriebene Gesetze. So gibt es beispielsweise manchmal das Verbot für fremde Männer, das Dorf zu betreten. In den Tribal Areas muss man unbedingt zuerst den Kontakt zu den Dorfältesten suchen, um über Regeln und Gepflogenheiten Bescheid zu wissen.

ham âp ke she<u>ch</u> se bât karnâ câhte haiñ.
wir ihr von Dorfältester[g](m) von Wort(w) machen wollen(m,Mz) sind
Wir möchten bitte mit Ihrem Dorfältesten sprechen.

burâ mat mânîe!
böse nicht akzeptier-Sie!
Wir wollten Sie/euch nicht beleidigen!

ham ko is kî 'âdat nahîñ hai!
wir zu diesem von Gepflogenheit(w) nicht ist
Bei uns gibt es diese Regeln nicht!

khet	Bauernhof
pahâr	Berg
gâñv	Dorf
daryâ	Fluss
ghâr	Höhle
tîlâ	Hügel
khetî bârî (w)	Landwirtschaft
garam cashmâ	heiße Quellen
jhîl (w)	See
ghâtî (w)	Tal
sîrhîdâr khet	Terrassenfelder
jangal [jungle]	Wald
âbshâr	Wasserfall
fasal kâtnâ	ernten
Ernte(m) schneiden	
bonâ	pflanzen, setzen

is gâñv meñ log kyâ karte haiñ?
jenem Dorf[g](m) in Leute(m,Mz) was machen(m,Mz) sind
Was machen die Menschen in diesem Dorf?

ham âp kî zindagî ke bâre meñ kuch jannâ câhte/câhtî haiñ.
wir ihr von Leben(w) von über in etwas wissen wollen(m/w,Mz) sind
Wir wollen etwas über euer Leben erfahren.
(sagen Männer od. gemischte Gruppe/nur Frauen)

kyâ âp bote haiñ?
was ihr pflanzen(m,Mz) seid
Was bauen Sie hier an?

Trekking/In den Bergen

Von April bis August ist die beste Zeit, die Bergregion Pakistans zu besuchen. Mit dem K2 hat das Land den zweithöchsten Gipfel der Welt, und der Nanga Parbat mit seinen 8125 Metern ist mit Sicherheit einer der eindrucksvollsten! Ausgangspunkt für Bergtouren ist meist Gilgit oder Chitral. Hier bekommt man sämtliche Informationen und Kontakte, um gelungene Besteigungen durchzuführen. Auf jeden Fall sollte man gut ausgerüstet sein und keinesfalls auf einen kundigen Führer verzichten. Von Gilgit aus gibt es auch organisierte Jeep- und Pferdetouren.

mujhe is ilâqe meñ hâiking [hiking] **ke bâre meñ mâlûmât câhîe.**
mich diesem Gebiet(g)(m) in Wandern(m) von Bezug in Informationen(m,Mz) wollend
Ich möchte Informationen zu Bergwanderungen in dieser Region.

is pahâṟ par caṟhne meñ koî c̲h̲atrâ hai?
dieser Berg[g](m) auf steigen(g) in irgendein Gefahr(m) ist
Kann man diesen Berg gefahrlos besteigen?

kyâ hameñ yahâñ gâid̲ zarûri hai?
was uns hier Führer(m) notwendig ist
Brauchen wir hier einen Führer?

yeh râstâ kitnâ lambâ hai?
dieser Weg(m) wieviel lang(m) ist
Wie lang ist dieser Weg?

pahâr̲oñ par car̲hnâ	bergsteigen
Berge(g)(m,Mz) auf steigen	
farst̲ ed kit̲ [first-aid kit]	Erste-Hilfe-Set
gâid̲ [guide]	Führer
dastâne	Handschuhe
ûñcâî (w)	Höhe
machlî pakar̲nâ	fischen
Fisch(w) fangen	
shikâr karnâ	jagen
Jagd(m) machen	
kampâs [compass]	Kompass
naqshâ	Landkarte
calnâ	marschieren, wandern
sâmân	Proviant; Last, Gepäck
baik paik [backpack]	Rucksack
rassî (w)	Seil
kudâl	Spitzhacke
hâiking [hiking]	(das) Wandern
hâiking karnâ	wandern
hâiking but̲ [hiking boot]	Wanderschuhe
c̲h̲ayma, t̲ent̲ [tent]	Zelt

yeh pahâr kitnâ ûpar hai?
dieser Berg(m) wieviel hoch ist
Wie hoch ist dieser Berg?

andherâ kitne baje ho jâegâ?
Dunkelheit(m) wieviele schlug(m,Mz) sein(–) gehen-wird(m)
Wann wird es dunkel?

Wer Träger (qulî) braucht, sollte mit diesen immer vorher den Preis aushandeln. Vergessen Sie nicht zu besprechen, wer für die Verpflegung sorgt, da das natürlich einen Preisunterschied darstellt.

tum ek roz ke lie kitne paise câhte ho?
du eins Tag von für wieviele Geld(m,Mz) wollen(m,Mz) seid
Was willst du pro Tag haben?

aur ghore ya chaccar ke lie?
und Pferd(g)(m) oder Maulesel[g](m) von für
Und für ein Pferd oder einen Maulesel?

yeh qîmat khâne ke sâth hai, hai na?!
dieser Preis(w) Essen(g)(m) von mit ist, ist nicht
Bei diesem Preis ist das Essen dabei, oder?

Übernachten

In Indien und Pakistan findet man alle erdenklichen Arten von Hotels: von einer einfachen Absteige für ein paar Rupees bis hin zu internationalen 5-Sterne-Palästen. Ausgesprochene Campingplätze findet man nicht, stattdessen kann man Leute fragen, ob man auf ihrem Grundstück kampieren darf.

In der Bergregion und in der Wüste ist natürlich auch wildes Campen möglich.

sastâ hotal [hotel] **kahâñ milegâ?**
billig Hotel(m) wo treffen-wird(m)
Wo gibt es hier ein billiges Hotel?

ham gesthâus [guesthouse] **kî talâsh kar rahe/rahî haiñ!**
wir Pension(m) von Suche(w) machen(–) blieben(m/w,Mz) sind
Wir *(Männer/Frauen)* suchen eine Pension.

mujhe ek siñgal rûm [single room] **câhîe!**
mir eins einzel Zimmer(m) wollend
Ich möchte ein Einzelzimmer!

dabal rûm [double room] **kâ kirâyâ kitnâ hai?**
doppelt Zimmer(m) von Miete(m) wieviel ist
Wie viel kostet ein Doppelzimmer?

ham ek roz/do roz/tîn roz/ek haftâ raheñge.
wir eins Tag(m)/zwei Tag/drei Tag/eins Woche(m) bleiben-werden(m,Mz)
Wir bleiben 1 Tag/2 Tage/3 Tage/1 Woche.

kyâ maiñ kamrâ dekh saktâ/saktî hûñ?
was ich Zimmer(m) sehen(–) kann(m/w) bin
Kann ich das Zimmer sehen? *(sagt Mann/Frau)*

hameñ ghusalchâne vâlâ kamrâ câhîe!
uns Badezimmer(g)(m) Besitzer(m) Zimmer(m) wollend
Wir wollen ein Zimmer mit Bad!

agar âp kamrâ sâf banâeñ ...
wenn Sie Zimmer(m) sauber machen-würden
Wenn Sie das Zimmer sauber machen ...

... to maiñ us ko le lûñgâ/lûñgî!
... dann ich jenem nach nehmen(–) nehmen-werde(m/w)
... werde ich es nehmen! *(sagt Mann/Frau)*

In die Hotels kommen täglich Wäscher (dhobî), die Ihre Kleidung gegen ein paar Rupees waschen und bügeln. Man kann diesen Service problemlos nutzen!

kyâ is hotal [hotel] **meñ dhobî hai?**
was diesem Hotel[g](m) in Wäscher ist
Gibt es in diesem Hotel einen Wäscher?

hotal [hotel]	Hotel
gesthâus [guesthouse]	Pension
kamrâ, rûm [room]	Zimmer
dabal rûm [double room]	Doppelzimmer
singal rûm [single room]	Einzelzimmer
câbî (w)	Schlüssel

châlî	leer, unbesetzt
ful [full]	voll, besetzt
palañg	Bett
dabal palañg	Doppelbett
gaddâ	Matratze
kambal	Decke
câdar (w)	Laken
takiyâ	Kopfkissen
mas-harî	Moskitonetz
e sî [AC]	Klimaanlage
ghusalchânâ	Badezimmer, Toilette
tâilet pepar [toilet paper]	Klopapier
almârî (w)	Kleiderschrank
laimp [lamp]	Lampe
bijlî (w)	Strom
sef [safe]	Sicherheitsfach; Safe
sâbun	Seife
tauliyâ [towel]	Handtuch
thandâ pânî	Kaltwasser
garam pânî	Warmwasser
boylar [boiler], **gîsar**	Boiler
chemâ	Zelt
sâf	sauber
gandâ	schmutzig
buking [booking] **karnâ**	reservieren

Nochmals sei betont, dass nicht verheiratete Paare in Pakistan kein Doppelzimmer bekommen. Kaum jemand überprüft das aber in den entsprechenden Dokumenten.

Cricket

Der Nationalsport Indiens und Pakistans ist Cricket. Für viele ist es sogar mehr als das und schon fast eine Art Lebensanschauung. Wenn die Nationalteams spielen, sind die Straßen leer. Da Cricket bei uns fast unbekannt ist, seien hier die wichtigsten Regeln und Worte (in Urdu und Englisch) aufgeführt. Wer einfach mal ausprobieren möchte, Cricket zu spielen (natürlich als Mann), der frage die zahlreichen und allgegenwärtigen spielenden Jugendlichen in Parks oder auf der Straße, ob man einfach mal mitmachen kann.

Im Cricket spielen zwei Mannschaften zu jeweils 11 Spielern gegeneinander. Es geht darum, Punkte (Runs) zu machen, indem die schlagende Mannschaft (Batsmen) einen kleinen harten Lederball mit einem Schläger (Bat) schlägt und zwischen zwei hölzernen Malen hin- und herläuft. Die andere Mannschaft verteidigt das Spielfeld und stellt den Werfer (Bowler). Schlägt man den Ball so weit, dass er aus dem Spielfeld rollt, bekommt man vier Punkte (Four), fliegt er raus, ohne den Boden zu berühren, gibt es sogar sechs Punkte (Six).

kyâ maiñ âpke sâth khel saktâ hûñ?
was ich euer mit spielen(–) können(m) bin
Kann ich mitspielen? *(sagt Mann)*

Cricket-Spiele dauern viele Stunden und in manchen Ligas sogar mehrere Tage. Der wohl bekannteste Cricket-Spieler Pakistans ist Imrad Khan.

ballebâz	Schläger („Batsman")
geñdbâz	Werfer („Bowler")
khilâṟî	Spieler („Player")
harfanmaulâ	All-rounder
ṟân	Punkt („Run")
caukâ	vier Punkte („Four")
chakkâ	sechs Punkte („Six")
baiṯing [batting] **karnâ**	schlagen („to bat")
dauṟnâ	laufen („to run")
pakaṟnâ	fangen („to catch")
pheñknâ	werfen („to bowl")

mujhe krikeṯ ke rulz [rules] **nahîñ ma'lûm haiñ.**
mir Cricket von Regeln(m,Mz) nicht bekannt ist
Ich kenne die Cricket-Regeln nicht.

tum bahut tagṟâ baiṯing [batting] **karte ho!**
du sehr stark Schlagen(m) machen(m,Mz) bist
Du schlägst sehr gut! *(zum Mann)*

Fotografieren

Pakistan und Indien bieten traumhaft schöne Motive, die jeden Fotografen faszinieren. Ob Wüste, Meer, Gebirge, Menschen oder einfach Stilleben - man findet selten eine solche Vielfalt. Trotzdem muss man vorsichtig sein. Der Islam verbietet es, Menschen abzubilden, und deswegen sollte man nicht einfach Personen ablichten, ohne vorher ihr Einverständnis bekommen zu haben. Viele Einheimische werden erst einwilligen, wenn Sie versprechen, ihnen später das Foto zu schicken. Des Weiteren darf man keine militärische Einrichtungen fotografiert. Hierzu können Kasernen, Polizeiposten, aber auch Flughäfen, Brücken und Straßen zählen. Besonders vorsichtig muss man in der Nähe der gemeinsamen Grenze und in Kaschmir sein.

yeh batâîe, kyâ maiñ yahâñ fo<u>t</u>o [photo] **khainc saktâ/saktî hûñ?**
dieser sag-Sie!, was ich hier Foto(m) ziehen(–) können(m/w) bin
Entschuldigung, darf ich hier fotografieren? *(sagt Mann/Frau)*

Falls man von der Polizei angehalten wird, ist es am besten, ohne Widerrede den Film herzugeben.

kyâ maiñ âpkâ fo<u>t</u>o [photo] **khainc saktâ/saktî hûñ?**
was ich Ihr Foto(m) ziehen(–) können (m/w) bin
Entschuldigung, darf ich Sie fotografieren? *(sagt Mann/Frau)*

hâñ, lekin kyoñ?
Ja, aber warum
Ja, aber warum?

mujhe âpke mulk se ek yâd câhîe!
mir euer Land[g](m) von eins Erinnerung wollend
Ich möchte nur eine Erinnerung an euer Land!

nahîñ, yeh harâm hai!
nicht, dieser verboten ist
Nein, das ist verboten (durch den Islam)!

film [film] (w)	Film
rangîn film (w)	Farbfilm
blaik end whâ'it film (w) [black and white film]	Schwarz-Weiß-Film
kaimrâ [camera]	Kamera
vidiyo [video]	Video
foto [photo], **tasvîr** (w)	Foto
flaish [flash]	Blitz
lens [lens]	Linse
baitrî [battery] (w)	Batterie, Akku
foto/tasvîr khaincnâ	fotografieren
divelap [develop] **karnâ**	Film entwickeln

Bank & Post

In Pakistan und Indien gibt es internationale Banken. Hier kann Geld gewechselt, und mit Kreditkarten Geld gezogen werden.

Bank

Banken sind sonntags geschlossen. Die Währung in Pakistan und Indien heißt jeweils Rupee (rûpîâ). Eine rûpîâ sind 100 paise.

mujhe paise badalnâ hai.
mir Geld(m,Mz) wechseln ist
Ich möchte Geld wechseln.

Bankbeamte sprechen meist gut Englisch.

mujhe kreḏiṯ karḏ [credit card] **se paise nikâlnâ hai.**
mir Kredit Karte[g] von Geld(m,Mz) rauskommen ist
Ich möchte mit Kreditkarte Geld ziehen.

kyâ maiñ yahâñ ṯraivalars cek [travellers' cheque] **se kaish** [cash] **karâ saktâ/saktî hûñ?**
was ich hier Reise Schecks[g](m) von Bargeld(m) machen-lassen(–) können(m/w) bin
Kann ich hier meine Reiseschecks einlösen? *(sagt Mann/Frau)*

âj ḏolar kâ reṯ [rate] **kitnâ hai?**
heute Dollar von Kurs(m) wieviel ist
Wie steht heute der Kurs des Dollars?

baink [bank]	Bank
cek [cheque]	Scheck
t̲raivalars cek [travellers' cheque]	Reisescheck
badalnâ	wechseln
kaish [cash] **karânâ**	einlösen
paise, paisâ	Geld
d̲olar [dollar]	Dollar
jarman [German] **mârk**	D-Mark
ast̲riyan [Austrian] **shiling**	Österreichischer Schilling
svis [Swiss] **frânk**	Schweizer Franken

Post

In allen größeren Orten Pakistans und Indiens gibt es Postämter. Briefe nach Europa dauern etwa zwei Wochen. Eine Alternative zu Postämtern bieten die großen Hotels.

Das System der Postämter funktioniert trotz der Größe der Länder perfekt. Meist muss man hier allerdings etwas warten.

mujhe t̲ikat̲ [ticket] **kî zarûrat hai, jarmanî** [Germany] **ke lie.**
mir Briefmarke(m)von Notwendigkeit(w) ist, Deutschland(m) von für
Ich brauche eine Briefmarke für Deutschland.

mujhe yeh c̲h̲at âst̲riyâ [Austria] **ko bhejnâ hai.**
ich dieser Brief(m) Österreich nach schicken ist
Ich möchte diesen Brief nach Österreich schicken.

zarâ havâî dâk se bhej dîjîe.
wenig luftig Post(w)[g] von schicken(–) gib-Sie!
Bitte schicken Sie es mit Luftpost.

dâk (w)	Post
dâkchânâ	Postamt
jî pî o [GPO]	Hauptpostamt
chat	Brief
tikat [ticket] (m, auch: w)	Briefmarke
lifâfâ	Briefumschlag
pârsal [parcel]	Paket
post kard [postcard]	Postkarte
patâ	Adresse
rajistard [registered]	per Einschreiben
havâî dâk (w)	Luftpost
ekspres dâk [express] (w)	Expresspost
bhejnâ	schicken

Telefon, Fax & Internet

In Indien und Pakistan ist das Telekommunikationsnetz staatlich. In allen Ortschaften gibt es Büros, von denen aus man Lokal-, National- und Ferngespräche führen kann. Während man vor einigen Jahren noch zahllose Stunden warten musste, ist die Abwicklung heute geradezu problemlos.

telefonieren & faxen

mujhe svitzarlaiñd [Switzerland] **ko fon** [phone] **karnâ hai.**
mir Schweiz(m) nach Telefon(m) machen ist
Ich möchte in die Schweiz telefonieren.

lâ'in [line] **bizî** [busy] **hai.**
Linie(m) besetzt ist
Es ist besetzt.

lâ'in [line] **kat** [cut] **gaî.**
Linie(w) schneiden(–) ging(w)
Ich wurde unterbrochen.

maiñ rivars-cârj [reverse charge] **kâ fonkaul** [phone call] **karnâ câhtâ/câhtî hûñ.**
ich R-Gespräch von Telefonat(m) machen wollen(m/w) bin
Ich möchte ein R-Gespräch machen.
(sagt Mann/Frau)

fon [phone]	Telefon
fon karnâ	telefonieren
âperetar [operator]	Telefonist
âñsering mashîn [answering machine]	Anrufbeantworter
nambar [number]	Nummer
kod [code]	Vorwahl
dâirektrî [directory]	Telefonbuch
rivars cârj kâ fonkaul [reverse charge phone call]	R-Gespräch
faiks [fax]	Fax

mujhe yeh faiks [fax] **bhejnâ hai.**
ich dieser Fax(m) schicken ist
Ich möchte dieses Fax verschicken.

Internet

i mel [e-mail]	E-Mail
i mel edres [e-mail address]	E-Mail-Adresse
fâ'il [file]	Datei

In vielen Orten gibt es auch Internetbüros, von denen aus man seine E-Mails verschicken kann.

yahâñ intarnet eksais [internet access] **kahâñ hai?**
hier Internet Verbindung wo ist
Wo gibt es hier ein Internetcafé?

mujhe i mel [e-mail] **bhejnâ hai.**
mir E-Mail schicken ist
Ich möchte eine E-Mail verschicken.

maiñ mere i melz dekhnâ câhtâ/câhtî hûñ.
ich meine E-Mails sehen wollen(m/w) bin
Ich möchte meine E-Mails abrufen.
(sagt Mann/Frau)

mujhe kuch likhnâ aur bhejnâ hai.
mir etwas schreiben und schicken ist
Ich muss einen Text schreiben und verschicken.

Behörden

Behördengänge – sei es zur Verlängerung von Visa, Reiseerlaubnissen für spezielle Gebiete oder zur einfachen polizeilichen Anmeldung – können manchmal nervenaufreibend sein. Auf jeden Fall sollte man sich auf längere Wartezeiten einstellen. Grundsätzlich sollte man immer freundlich, geduldig und gut gekleidet auftreten. Die Beamten sind gewohnt, mit Respekt und Ehrfurcht behandelt zu werden, und man sollte dem zumindest nichts entgegensetzen. Ob man besser Urdu oder eher ein paar Brocken gebrochenes Englisch spricht, sollte man vor Ort entscheiden.

mujhe vîzâ [visa] **kâ ikstenshan** [extension] **câhîe.**
mir Visum(m) von Verlängerung(m) wollend
Ich möchte mein Visum verlängern lassen.

mujhe jarman [German] **jânne vâlâ vakîl câhîe.**
mir Deutsch wissen(g) Besitzer(m) Anwalt wollend
Ich möchte einen Anwalt, der Deutsch spricht.

maiñ apne sifâratchâne ke logoñ se bât karnâ câhtâ/câhtî hûñ.
ich eigen(m,Mz) Botschaft(g)(m) von Leute(g)(m,Mz) aus Wort(w) machen wollen(m/w) bin
Ich möchte mit meiner Botschaft sprechen.

Behörden

Die meisten Büros sind samstags und sonntags geschlossen.

shikâyat (w)	Anzeige, Klage
qiyâm kâ ijâzat	Aufenthalts-genehmigung
afsar [officer]	Beamter
sifârat͟chânâ	Botschaft (dipl.)
daftar	Büro
lâisens [licence]	Führerschein
polîs [police] (w)	Polizei
pâspor͟t [passport], **safar nâmâ**	Reisepass
pâspor͟t kâ nambar [number]	Reisepassnummer
dast͟chat	Unterschrift
iks͟tenshan	Verlängerung
vîzâ [visa]	Visum
kas͟tam [customs]	Zoll

Korruption ist nicht selten, man sollte aber nie den ersten Schritt dazu tun. Wenn ein kleines Schmiergeld (rishvat) notwendig ist, wird man Ihnen das durch die Blume mitteilen.

corî ho gaî hai.

Diebstahl(w) sein(–) ging(w) ist

Ich wurde bestohlen.

mere paise/pâsport kho gae haiñ.

meine Geld(m,Mz)/Reisepass verlieren(–) ging(m,Mz) sind

Ich habe mein Geld/meinen Pass verloren.

sâmân	Koffer, Gepäck
vâlet [wallet]	Geldbörse
zevrât	Schmuck
câbî (w)	Schlüssel
kapre	Kleidung

Krank sein

Das Gesundheitswesen in den Großstädten Indiens und Pakistans ist normalerweise recht gut. In allen größeren Orten gibt es Krankenhäuser oder zumindest Krankenstationen.

Man unterscheidet hier zwischen vier verschiedenen Behandlungsmethoden: Da ist erstens die alte indische Medizin Ayurveda (âyurvedik), die man v. a. in Indien findet; zweitens die griechisch-islamische Medizin (yûnânî) in Pakistan; drittens die homöopathische Medizin (homiyopaithî) und letztendlich die orthodoxe westliche Schulmedizin.

Bei kleinen Verstimmungen kann man ruhig mal einen alternativen Arzt aufsuchen, und man wird sich wundern, was diese für „Wunder" vollbringen.

Ich gebe hier einige wichtige Wörter und Sätze an, die man aber nur selten brauchen wird, denn grundsätzlich sprechen alle Ärzte ein ausgezeichnetes Fach-Englisch, da an indischen und pakistanischen Universitäten alle Naturwissenschaften ausschließlich in Englisch unterrichtet werden.

mujhe añgrezî jânne vâlâ ḏâkṯar [doctor] **câhîe.**
mir Englisch kennen(g) Besitzer(m) Arzt(m) wollend
Ich brauche einen Arzt, der Englisch spricht.

maiñ bîmâr hûñ.
ich krank bin
Ich bin krank.

d̲âkt̲âr [doctor] **kahâñ hai?**
Arzt(m) wo ist
Wo gibt es einen Arzt?

aspatâl [hospital] **kahâñ hai?**
Krankenhaus(m) wo ist
Wo ist ein Krankenhaus?

d̲âkt̲ar [doctor]	Arzt
den̲tis̲t̲ [dentist]	Zahnarzt
davâc̲h̲ânâ	Apotheke
aspatâl [hospital]	Krankenhaus
nars [nurse] (w)	Krankenschwester
tabî'at (w), **tandurustî** (w)	Gesundheit
bîmârî (w)	Krankheit
sâñs lenâ	atmen
dard	Schmerz
cot̲ (w)	Wunde

Es ist ratsam, folgende grundsätzliche Regeln einzuhalten: Erstens sollte man kein Leitungswasser trinken und zweitens auch kein ungewaschenes Obst und Gemüse essen. Viele Besucher bekommen beim ersten Besuch Verdauungsprobleme, da sie die fremde Küche mit ihren Gewürzen nicht gewöhnt sind.

mujhe is-hâl â rahâ hai.
mir Durchfall(m) kommen(–) blieb(m) ist
Ich habe Durchfall.

yahâñ dard ho rahâ hai!
hier Schmerz(m) sein(–) blieb(m) ist
Es tut mir hier weh!

... meñ dard hai.
... in Schmerz(m) ist
... tut mir weh.

mere sar	mein Kopf
mere peṯ	mein Magen
mere gale	mein Hals
mere dâñtoñ	meine Zähne
merî pîṯh	mein Rücken
mere dil	mein Herz
merî bâzû	mein Arm
merî ṯâñg	mein Bein

Diese Wörter können Sie beispielsweise in den obigen Satz unverändert einsetzen.

mujhe daiyabîtis [diabetes] **hai.**
mir Diabetes(m) ist
Ich bin Diabetiker.

mujhe damâ hai.
mir Asthma(m) ist
Ich bin Asthmatiker.

mujhe ... se elerjî [allergy] **hai.**
mir ...(g) von Allergie(w) ist
Ich bin gegen ... allergisch.

antibâyotik [antibiotics]	Antibiotika
penisilîn [penicillin]	Penizillin
zare gul	Pollen

lagtâ hai ki mujhe buchâr hai.
scheinen(m) ist dass mir Fieber(m) ist
Ich glaube, dass ich Fieber habe.

mujhe zukâm ho gayâ hai.
mir Grippe(m) sein(–) ging(m) ist
Ich habe eine Grippe.

mujhe ... ke lie davâ câhîe.
mir ... von für Medikament(w) wollend
Ich brauche ein Mittel gegen ...

is-hâl, ṯûrisṯâ	Durchfall
qabz	Verstopfung
badhazmî (w)	Magenverstimmung
buchâr	Fieber
zukâm	Grippe
khâñsî (w)	Husten
sar meñ dard	Kopfschmerzen
Kopf(m) in Schmerz(m)	
dhûp se jalnâ	Sonnenbrand
Sonnenschein[g] von Brennen	
jild kî bîmârî	Hautkrankheit
Haut(w) von Krankheit(w)	
infekshen [infection]	Infektion
peṯ meñ kîṟe	Würmer
Bauch(m)[g] in Würmer	
jûeñ	Läuse

mere pâs apnî sirinj [syringe] **hai.**
mein bei eigene Spritze(w) ist
Ich habe meine eigene Spritze dabei.

mujhe injekshen [injection] **nahîñ câhîe!**
mir Injektion(m) nicht wollend
Ich möchte keine Spritze!

nuschâ	Rezept
davâ (w)	Medikament
esprin [aspirin]	Aspirin
baind ed [band aid]	Pflaster
khâñsi kî davâ (w)	Hustensaft
dastâvar	Abführmittel

mujhe inshurens [insurance] **ke lie ek tafsîlât vâlî resîd** [receipt] **câhîe.**
mir Versicherung von für eins Details(w,Mz) Besitzer(w) Rechnung(w) wollend
Ich möchte eine detaillierte Rechnung für meine Versicherung.

Toilette

Der Standard der Toiletten in Pakistan und Indien entspricht nicht immer dem, was wir gewöhnt sind. So gibt es oft nur Hockklos und kein Toilettenpapier, sondern nur einen Schlauch Wasser oder einen Krug, um sich nach getaner Arbeit die Hände zu waschen. Will man das nicht unbedingt ausprobieren, sollte man stets eigenes Papier bei sich haben.

Meist gibt es nur nur eine Toilette für Männer und Frauen. In guten Lokalen, Hotels usw. natürlich nicht, hier findet man aber sicherlich die richtige Tür.

In Pakistan fragt man übrigens nicht nach der Toilette, sondern nach dem Waschraum (ghusalchânâ).

ghusalchânâ kahâñ hai?
Waschraum(m) wo ist
Wo ist die Toilette?

mujhe ghusalchânâ jânâ hai.
mir Waschraum(m) gehen ist
Ich muss mal zur Toilette.

ghusalchânâ, **tâylet** [toilet]	Toilette, Waschraum
tâylet pepar [toilet paper]	Toilettenpapier
nambar van [number one]	„kleines Geschäft“
nambar tû [number two]	„großes Geschäft“

Literaturhinweise

Wer sich näher mit dem Urdu befassen will, dem seien folgende Werke empfohlen.

Die hier genannten Bücher/Schriften sind – bis auf die drei letztgenannten – nicht über den Reise Know How Verlag erhältlich.

Als einzig deutschsprachiges Lehrbuch sei hier das **Urdu Lesebuch mit Kurzgrammatik** genannt, das beim Julius Groos Verlag in Heidelberg von H. J. Vermeer, W. Akhtar und A. Akhtar geschrieben ist und sich als weiterführendes Lehrwerk eignet.

Auf Englisch gibt es das von der BBC herausgegebene **Hindi Urdu BOL CHAAL,** das sowohl Hindi als auch Urdu mit Videobändern und einem Begleitbuch vermittelt.

Von der britischen „Teach Yourself"-Reihe des Hodder & Stoughton Verlages gibt es ebenfalls ein Lehrbuch **Urdu,** das sich als weiterführendes Werk eignet.

An Wörterbüchern seien hier die beiden Werke **Urdu-Deutsch** und **Deutsch-Urdu** von Amjad Ahmad, Khurshid Ali und Tobias Gessler empfohlen, die beim VVB Laufersweiler Verlag in Wettenberg erschienen sind. Hier wird allerdings die Urdu-Schrift vorausgesetzt.

Beim Reise Know How Verlag Peter Rump GmbH gibt es einen Kauderwelsch-Band **Paschto,** der sich hervorragend für das nordwestliche Pakistan eignet, sowie (für die Landeskunde) die Bücher **Pakistan** von Susanne Thiel und **Indien** von Rainer Krack aus der Reihe „Kulturschock".

Wörterliste Deutsch – Urdu

Die Wörterlisten enthalten einen **Grundwortschatz** *von ca. 1000 Wörtern. Vokabular, das man in den einzelnen Kapiteln nachschlagen kann, ist hier nicht immer aufgeführt.*

Hauptwörter *werden immer nur in der Einzahl angeführt. Nur wenn sich die Mehrzahlform grundsätzlich verändert, wird diese auch angegeben.*

Weibliche Hauptwörter *sind gekennzeichnet, alle anderen sind männlich.*

Die Eigenschaftswörter werden nur in ihrer männlichen Form angegeben.

Intransitive Tätigkeitswörter, *also solche, die die Konstruktion mit* ne *(von) nicht benötigen, werden mit „(it)" gekennzeichnet. Alle anderen sind transitiv.*

In der **alphabetischen Reihenfolge** *wird das ' („ein/hamza") nicht berücksichtigt!*

A

abbiegen murnâ (it)
Abend shâm (w), rât (w)
Abendessen rât kâ khânâ
aber lekin
abfahren jânâ (it), calnâ (it)
abreisen safar karnâ
Abteilung sha'bâ
Adresse patâ
Afghanistan afghânistân
allein akelâ, tanhâ
alles sab kuch
als (zeitl.) jab
als (Vergleich) se
alt (Personen) bûrhâ
alt (Dinge) purânâ
Alter 'umr (w)
Andenken yâd (w)
andere dusrâ
anfangen shurû' karnâ
Angestellter kâmkâr
Angst chauf, dar
ängstlich pareshân
anhalten ruknâ (it)
ankommen pahuñcnâ
Ankunft âmad (w)
anschauen dekhnâ
Antwort javâb
antworten jâvab denâ

anziehen, sich pahannâ
Apotheke davâchânâ
Arbeit kâm
arbeiten kâm karnâ
Arbeiter mazdûr
arm gharîb
arm (bemitleidens-wert) qâbil-e afsos
Arzt dâktar
auch bhî
auf ke ûpar
Aufenthalt qiyâm
aufhören chatam karnâ
aufstehen uthnâ (it)
aus se
außen bâhar
außer ke sivâ
Ausgang bâhar, bâhar jâne kâ râstâ
ausgezeichnet bahut chûb
Auskunft ma'lûmât
Ausland pardes
Ausländer ajnabî, farangî
ausländisch ajnabî
ausruhen, sich ârâm karnâ
Aussprache talfaz
aussteigen utarnâ (it)
Ausstellung numâish (w)
Ausweis shinâchtî kard [card]
Auto gârî (w)
Autowerkstatt kârchânâ

B

baden nahânâ
Badezimmer ghusalchânâ
Bahnhof isteshan [station]
bald phir
Bank baink [bank]
Bargeld kaish [cash]
Bart dârhî (w)
Batterie baitrî [battery] (w)
bauen banânâ
Bauer kisân
Baum per
Bedeutung matlab
beeilen, sich tez karnâ
beenden chatam karnâ
beginnen shurû' karnâ
begrüßen (jmd.) salâm karnâ
Behörde 'ihdâ
bei ke pâs
Beispiel, zum masalan
bekanntmachen, sich se milnâ
benachrichten chabar denâ
benutzen iste'mâl karnâ
Benzin paitrol [petrol]
beraten jmd. râye denâ
bereit tayyâr
Berg pahâr
Beruf mehnat (w)
berühmt mashhûr
beschweren, sich shakwa karnâ, shikâyat karnâ
Beschwerde shakwa, shikâyat
besichtigen dekhnâ
Besichtigung jâ'izâ
Besitzer mâlik, vâlâ
besser aur acchâ
bestellen arder [order] denâ, mañgvânâ
bestrafen sazâ karnâ
Besuch milnâ, mulâqât
besuchen milnâ (it)
betrunken mast
Bett palañg
Bettzeug câdar
bevor se pahle
bezahlen paise denâ
Bild tasvîr
billig sastâ
bis tak
bisschen kam
bitte mihrbânî karke, plîz [please], zarâ
Blatt kâghaz
blau nîlâ
bläulich nîlâ-sâ
bleiben rahnâ (it)

Blume phûl
Boot nâv (w)
Botschaft (dipl.)
sîfârat<u>ch</u>ânâ
Brand âg (w)
Brauch rasm (w)
brauchen
kî zarûrat honâ
braun bhûrâ
Braut dulhan (w)
Bräutigam dûlhâ
brennen jalnâ (it)
Brief <u>ch</u>at
Briefkasten
<u>d</u>âk kâ <u>d</u>abâ
Briefmarke <u>t</u>ika<u>t</u>
[ticket] (m, a: w)
Briefumschlag lifâfâ
Brille cashmâ,
'aînak (w)
bringen lânâ (it),
le ânâ (it)
Brot ro<u>t</u>î (w)
Brücke kanvâñ
Bruder uchu, ichwân
Brunnen bîr abyâr
Brust(korb) châtî (w)
Buch kitâb (w)
Buchstabe hurûf
bunt rangîn
Burg qil'a
Büro daftar
Bus bas (w) [bus]

C

Chauffeur
<u>d</u>râivar [driver]
Chef dukândâr
China cîn

D

da vahâñ
dahinter ke pîche
damit ke lie
danach ke ba'd
danke mihrbânî,
shukriyâ,
thainkyû [thank you]
dann us ke ba'd
darum is lie
dass ke
das heißt ya'ni, matlab
Datum târî<u>ch</u> (w)
Dauer muddat
dauern vaqt lagnâ
denken socnâ
deshalb is lie
deutsch
jarman [German]
Deutsche/r
jarman [German]
Deutschland
jarmanî [Germany]
Dialekt lahja
dick mo<u>t</u>â
Dieb cor
Diebstahl corî (w)

Ding cîz (w)
Dolmetscher mutarjim
Dorf (Ortschaft) gañv
dort vahâñ
dorthin udhar
drehen mu<u>r</u>nâ (it),
mo<u>r</u>nâ
dringend, es ist
zarûrî hai
du tum, tû
dumm bevaqûf
durch se
Durchfall is-hâl
durstig pyâs lagnâ
Dusche shâvar [shower]

E

echt sac
egal koî bât nahîñ!
Ehefrau bîvî (w)
Ehemann shauhar
ehrwürdig sharîf
Ei an<u>d</u>â
eilig jaldî se, tezî se
einer ek
einfach âsân
Eingang andar, dâ<u>ch</u>ilâ
einige kuch, koî
einladen (jmd.)
da'vat denâ
Einladung da'vat (w)
einmal ek bâr
einsteigen dâ<u>ch</u>il honâ

eintreten andar jânâ, dâchil honâ
einverstanden sein ittifâq karnâ
Einwohner rahnevâlâ
Eis (Speise-) âiskrîm [icecream] (w)
Eisen lauhâ
Eisenbahn relve (w)
Eiswürfel barf (w)
Eltern vâlidain
empfangen isteqbâl karnâ
empfehlen safârash karnâ
Ende châtmâ
eng tañg
Engländer añgrez
englisch añgrezî, inglish [English]
entwickeln (Film) divelap karnâ [develop]
Entschuldigung! mu'âf kîjîe!
er yeh, voh
Erde zamîn (w)
Erfolg kâmyâbî (w)
erhalten milnâ
erholen, sich ârâm karnâ
erinnern, sich yâd ânâ (it)
Erinnerung yâd (w)
erklären batânâ, samjhânâ
erlauben ijâzat denâ
erzählen batânâ
essen khânâ
Essen khânâ
Etage manzil (w)
etwa taqrîban
etwas kuch
etwas (wenig) kam

F

Fabrik kâmchânâ
fahren calnâ (it)
Fahrkarte tikat [ticket] (m, a: w)
Fahrpreis kirâyâ
falsch ghalat
Familie chândân
Farbe rang
fast taqrîban
Feier choshî (w), melâ
feiern choshî karnâ
Feld (Acker) khet
Fenster khirkî (w)
Ferien chuttî (w)
fern dûr
Fernsehgerät tî vî [TV]
fertig tayyâr
Feuer âg (w)
Fieber buchâr
Film film (w)
finden milnâ
Firma kampanî [company] (w)
Fisch machlî (w)
Flasche botal/botal [bottle] (w)
Fleisch gosht
fliegen ârnâ (it)
Flughafen havâî addâ
Flugticket tikat [ticket] (m, a: w)
Flugzeug havâî jahâz
Fluss dariyâ
Foto foto [photo] (w), tasvîr (w)
Fotoapparat kaimrâ [camera]
fotografieren foto khaiñcnâ
Frage savâl
fragen pûchnâ
Frau 'aurat (w), châtûn/chavâtîn (Mz)
frei âzâd
Freiheit âzâdî (w)
fremd ajnabî
freuen, sich chûsh honâ
Freund dost
Frieden amn
fröhlich chûsh
Früchte phal
früh jaldî
Frühling bahâr (w)
Frühstück nâshtâ
fühlen, sich lagnâ
Führerschein lâisens [licence]
für ke lie

fürchten, sich (vor)
se chauf lagnâ
Fuß pair

G

Gabel kâñṭâ
ganz bilkul
Garten bâgh
Gas gâz
Gast mihmân
Gastfreundschaft
mihmân navâzî (w)
Gaststätte resṭoranṭ
Gebäck roṭî (w)
Gebäude 'imârat (w)
geben denâ
Gebirge pahâṛî silsilâ
Gebühr kirâyâ
Geburtstag sâlgirah
(w)
Gefahr chaṭrâ
gefährlich chaṭarnâk
Gefängnis jel [jail] (w)
Gefühl ihsâsât
gegen ke chilâf
gegenüber bilmuqâbil
gehen jânâ (it)
gehetzt tezî se
gelb zard
gelblich zard-sâ
Geld paise
Gemüse sabzî (w)
gemütlich ârâmdeh
genau tamâm

genug! bas!
Gepäck sâmân
geradeaus sîdhâ
Geschäft (Laden)
dukân (w)
Geschenk tohfâ
Geschichte (Hist.)
târîch (w)
Geschichte (Erzähl.)
kahânî (w)
geschlossen band
Gesellschaft (Firma)
kampanî [company] (w)
Gesetz qânûn
Gespräch bât (w)
gestern kal
gesund tandurust
Gesundheit tabî'at (w),
tandurustî (w)
Getränk mashrûb
Getreide dâna
Gewicht vazan
gewinnen jîtnâ
Glas (Trink-) glâs
[glass]
glauben i'tiqâd rakhnâ
Glück chûshî (w),
qismat (w)
glücklich chûsh
Gold sonâ
Gott allâh, chudâ
Grammatik qawâ'id,
grâmar [grammar]
Gras ghâs (w)
gratulieren
mubârakbâd denâ

Grenze hadd, sarhad
Grippe zukâm
groß baṛâ
Größe (Kleidung) sâ'iz
[size]
Großmutter dâdî (w),
nânî (w)
Großvater dâdâ, nânâ
grün sabz
grünlich sabz-sâ
Grund vajah (w), sabab
Gruppe jamâ'at (w)
Gruß salâm
grüßen salâm karnâ
gültig vâjib
gut acchâ, ṭhîk, chûb

H

Haar bâl
haben ke pâs honâ
Hafen bandar
Hälfte âdhâ
halten ruknâ (it), roknâ
Haltestelle isṭâp [stop]
Hand hâth
Handel kârobâr
Händler kârobârî,
saudâgar
Handtuch tauliyâ
[towel]
hässlich bad-shakal
Hauptstadt
dârulhukûmat
Haus makân, ghar

heilig muqaddas
Heirat shâdî (w)
heiß garam
helfen madad karnâ
Herbst chazâñ
Herr jî, sâhib, sar [sir], miyâñ, janâb, huzûr
heute âj
hier yahâñ
Hilfe madad (w)
Himmel âsmân
hinter ke pîche
hoch ûñcâ
hoffen ko ummid honâ
hoffentlich inshâ'allâh
holen lenâ
Holz lakrî (w)
hören sunnâ
Hose paint [pants] (w)
Hotel hotal [hotel]
hübsch (Personen) chûbsûrat
Hunger bhûk (w)
Hund kuttâ

I

ich maiñ
ihr tum, âp
immer hamesha
impfen gegen injekshan lagânâ [injection]
in (zeitl./örtl.) meñ
Indien hindustân, indyâ [India]
Industrie sinâ'at (w)
Information ma'lûmât
Ingenieur injînîr [engineer]
Insel jazîra
intelligent hoshyâr
interessant dilcasp
interessieren, sich dilcaspî lenâ
international bainalaqwâmî
Iran îrân
irgend(wer/-was) koî
Islam islâm

J

ja hâñ
Jahr sâl, baras
Jahreszeit mausam, fasl
jeder har
jedesmal har bâr
jemand koî
jetzt âb, âbhî
Journalist sahâfî
Jude; jüdisch yahûdi
jung javân
Junge betâ

K

Kaffee kofî [coffee] (w)
kalt thandâ
Kälte sardî (w)
Kamel ûñt
kaputt charâb
Karte kârd [card]
Käse panîr
Kasse kesh desk [cash desk], ruqûm
Kassette keset teb [cassette tape]
kaufen charîdnâ
kennen ko ma'lûm honâ
kennen lernen (jmd.) se milnâ
Kind baccâ
Kino sinemâ
Klage shikâyat (w)
Kleidung kapre
klein chotâ
Kleingeld rezgârî (w)
Klingel ghantî (w)
klingeln ghantî bajânâ
klug 'âqil
Koch bâvarcî
kochen khânâ pakânâ
Koffer sûtkes [suitcase]
kommen ânâ
komm her! âo!
kompliziert mushkil
König bâdshâh
können saknâ
Koran qur'ân sharîf
Korn (Getreide) dâna
kosten (probieren) thorâ sâ khânâ
kosten (Preis) lagnâ

kostenlos muft
krank bîmâr
Krankheit bîmârî
Krankenhaus aspatâl
Krieg jang (w)
Küche bâvarcîchânâ
Kuh gây (w)
kühl thandâ
Kühlschrank frij [fridge]
Kunst fan
Künstler fankâr
künstlich masnû'î
Kupfer tânba
kurz chotâ
Kuss bosâ
küssen bosâ lenâ

L

lächeln muskurânâ (it)
lachen hañsnâ
Laden dukân (w)
Lampe laimp [lamp]
Land (nicht Stadt) dehât
Land (Staat) mulk
Landkarte naqshâ
Landwirtschaft khetî bârî (w)
lang (Entfernung) dûr
lang (nicht kurz) lambâ
lange Zeit bahut muddat se
langsam ahistâ
langweilig bedilcasp
lassen cornâ
laufen, rennen daurnâ (it)
laut zor se
leben (physisch) jînâ
leben (wohnen) rahnâ
Leben zindagî (w)
Lebensmittel ashyâ'-e choronosh
Leder camrâ
ledig kanvârâ
leer châlî
legen rakhnâ
lehren sikhânâ
Lehrer mu'allim
leicht (Aufgabe) âsân
leicht (Gewicht) halkâ
leihen udhâr lenâ
lernen sîkhnâ, parhnâ
lesen parhnâ
letzter âchirî
Leute log
Licht roshnî (w), nûr, lâit [light]
lieben muhabbat karnâ
Lied gânâ
Linie chatt
links bâyâñ, left [left]
Löffel cammac
Lohn, Gehalt tañchvâh (w)
los! calo!
Löwe sher
Luft havâ (w)
lügen jhûth bolnâ
Lügner jhûth bolnevâlâ

M

machen karnâ, banânâ
Mädchen larkî (w)
Mal bâr (w)
malen tasvîr banânâ
manchmal kabhî kabhî
Mann admî
Markt, Bazar bâzâr
Maus cûhâ
Medikament davâ (w)
Meer samundar
mehr aur
meinen socnâ
Meinung râye
Mensch insân
merkwürdig 'ajîb
Messer câqû
Miete kirâyâ
mieten kirâye par lenâ
Milch dûdh
Minarett minârat (w)
Minister vazîr
Ministerium vuzârat (w)
Minute minat [minute]
mit se, ke sâth
Mittag dopahar
Mittagessen dopahar kâ khânâ
Mitte darmiyân

möglich mumkin
Monat mahînâ
morgen kal
Morgen subah (w), saverâ
Moschee masjid (w)
Moslem musalmân
Motor motar
Motorrad motarsâikil [motorcycle] (w)
müde thakâ
müde sein thaknâ (it)
Müll kûrâ
Muezzin mu'azzin
Museum 'ajâyab ghar
Musik mûsîqî (w)
müssen ko câhîe, ko paregâ
Mutter vâlidâ (w)

N

nach (Richtung) ko
nach (Zeit) ke ba'd
Nachbar hamsâyâ
nachdenken socnâ
Nachmittag dopahar ke ba'd
Nachricht chabar (Mz: achbâr)
nächster aglâ
Nacht rât (w)
nah qarîb, nazdîk
Name nâm
nass gîlâ
Nationalität shahrît (w)
Natur fatrat (w)
natürlich (nicht künstl.) tabi'î
natürlich! zarûr!
neben sâth, qarîb
nehmen lenâ
nein nahîñ
neu nayâ
nicht nahîñ
nichts kuch nahîñ
niedrig (kurz) chotâ
niemals kabhî nahîñ
niemand koî nahîñ
noch einmal aur ek bâr
Norden shimâl, uttar
normal 'amûmî
nötig zarûrî
notwendig zarûrî
Nummer nambar [number]
nur sirf

O

ob agar
oben pîche
Obst phal
oder yâ
öffnen kholnâ
oft aksar
ohne ke baghair
Öl (Erd-) paitrol [petrol]
Öl (Speise-) tel
Olive zêtûn
Onkel (väterl.) câcâ
Onkel (mütterl.) mâmâ
orange (Farbe) nârangî
organisieren intizâm karnâ
Ort (Platz) jagah (w)
Osten mashriq, pacchim
Österreich âstriyâ [Austria]
Österreicher âstriyan [Austrian]

P

paar, ein kuch
Paar jorâ
Päckchen pârsil [parcel]
Paket paikit [packet]
Papier kâghaz
Park maidân
Pass pâsport [passport]
Pause vaqfâ
Persien îrân, mulk-e fars
Person insân
Plan maqsad, plân [plan]
Platz jagah (w)
Politik siyâsat (w)
Polizei polîs [police] (w)
Post dâk (w)

Postamt dâkchânâ
Postkarte postkârd
Preis qîmat (w)
privat nijî, zâtî
Problem mushkil (w)
Programm prográm

Q

Qualität chûbî (w)
Quittung bil [bill]

R

Radiogerät rediyo [radio]
Rat (Tipp) tajvîz (w)
Rat (Versammlung) majlis
rauchen sigret pînâ
Raum kamrâ
rechnen hisâb lagânâ
Rechnung hisâb
Recht qânûn, haqq
rechts rayt [right], dâhinâñ
reden bât karnâ
Regen bârish (w)
Regenschirm, chatrî (w)
Regierung hukûmat (w)
regnen, es regnet bârish ho rahî hai
reich amîr
Religion mazhab
Reise safar
reisen safar karnâ
Reisender musâfir
Reisepass pasport [passport]
Reiseschecks traivalars cek [travellers' cheque]
Reparatur marammat (w)
reparieren marammat karnâ
reservieren buking [booking] karnâ
Respekt izzat (w)
Restaurant restorant
richtig sac, sahîh
Richtung taraf (w)
rosa/pink gulâbî
rot surch, lâl
rötlich surch-sâ
rufen, schreien cillânâ
Ruhe ârâm
ruhig châmosh, ârâm se

S

Sache cîz (w)
sagen kahnâ, batânâ
Salz namak
sammeln jama' karnâ
Sand ret (w)
satt pet bharâ huâ
Satz (Grammatik) jumla
sauber sâf
sauber machen sâf karnâ
sauer (Geschmack) khatâ
Schallplatte, CD disk
scharf garam
Schatten sâyâ
Schere qaiñcî (w)
schicken, senden bhejnâ
Schiff jahâz, a:nâv (w)
Schiite shi'i
schlafen sonâ
Schlafzimmer bed rûm [bedroom]
schlagen mârnâ
schlau 'ayâr
schlecht charâb, bad
schließen band karnâ
Schloss (Gebäude) qil'a
Schlüssel câbî (w)
schmackhaft mazedâr
Schmerz dard
schmutzig gandâ
schneiden kâtnâ
schnell jaldî
Schokolade câklet [chocolate]
schön chûbsûrat
Schrank almârî (w)
schreiben likhnâ

Schuh jûti (w)
Schuld zamadârî
schuldig sein qasûrvâr
Schule iskûl [school]
Schüler shâgird
schwach kamzor
schwanger hâmla
schwarz kâlâ
schweigen kuch na batânâ
Schweiz svîsra
Schweizer(in) svîsrî
schwer (nicht leicht) bhârî
Schwester behn (w)
schwierig mushkil
schwimmen tairnâ
schwitzen pasînâ ânâ
See, der jhîl (w)
See, die samundar
sehen dekhnâ
Seide rasham
Seife sâbûn
Seil rassî (w)
sein honâ
seit is vaqt se
Seite (Buch) safha
Seite (Richtung) taraf (w)
Sekunde sekend [second]
selbst chûd
ich selbst maiñ chûd
selbstverständlich! zarûr!
setzen, sich baithnâ (it)
sie (Ez) yeh, voh
sie (Mz) yeh, voh
Sie âp
Silber câñdî (w)
singen gânâ
sitzen baithnâ (it)
so aisâ, hî, to
sofort fauran
sogar balki
Sohn betâ
Soldat faujî sipâhî
sollen ko câhîe, ko paregâ
Sommer garmî (w)
Sonne sûraj
Sparen bacat [budget]
sparen raqm bacânâ
spät der se
spät (zu spät) der
Speise khânâ
Speisekarte menyû
Spiel khel, khel kûd
spielen khelnâ
Sport khel
Sprache zabân (w)
sprechen bolnâ
Spritze sirinj [syringe] (w)
Staat mulk
Staatsangehörigkeit qaumît (w)
Stadt shahr
stark tâqatvar
stehen kharâ honâ
stehend kharâ
stehlen corî karnâ
Stein patthar
Stelle (Ort) jagah (w)
sterben marnâ (it)
Stift pen [pen]
Stimme âvâz (w)
Stoff kaprâ
Strafe sazâ
Strand sâhil
Straße sarak (w)
Streichhölzer mâcis [matches] (w)
Strom bijlî
Stück takrâ
Student tâlib-e ʻilm
Stunde ghantâ
suchen kî talâsh karnâ
Süden janûb, dakkhin
Sunnit sunni
Suppe shorbâ
süß mîthâ

T

Tabak tambâkû (w)
Tablette dawâ kî golî (w)
Tadschikistan tadshîkistân
Tag roz
täglich har roz
Tal wâdî
Tankstelle paitrol pamp [petrol pump]

Tante (mütterl.)
  mâmî (w)
Tante (väterl.) câcî (w)
tanzen nâcnâ (it)
Tasche baig [bag],
  pars [purse]
Taxi ṯaiksî (w)
Tee câe (w)
Telefon fon [phone]
telefonieren fon karnâ
teuer maheñgâ
Teufel shaitân
Theater thiyeṯar
tief gharâ'î
Tier jânvar
Tochter beṯî (w)
Tod maut (w)
Toilette ghusalchânâ
Toilettenpapier ṯâyleṯ
  pepar [toilet paper]
tot marhûm
töten mârnâ
Tourist musâfir
Tradition
  rasm aur rivâj
tragen âṯhânâ
traurig ghamgîn
treffen (mit), sich
  se milnâ
Treppe sîṛhî (w)
trinken pînâ
Trinkgeld bachshîsh
trocken sukhâ
tschüss! bâi-bâi
  [bye-bye!]
tun karn

Tür darvâzâ
Turm mînâr (w)
Tüte baig [bag]

über (örtl.) ke pîche
überall har jagah meñ
übermorgen parsoñ
übersetzen
  tarjumâ karnâ
Übersetzer mutarjim
Übung mashq (w)
Uhr ghaṛî (w)
um zu ṯâki
umsonst be kâr
umtauschen badalnâ,
  tabdîl karnâ
Umwelt mâhaul
unbekannt nâ ma'lûm
und aur
Unfall hâdsâ
ungefähr taqrîban
Universität yunivarsiṯî
  [university] (w)
unmöglich
  ghair mumkin, muhâl
unschuldig sein
  begunâh honâ
unten is ke nîche
unter ke nîche
unterrichten (lehren)
  sikhânâ
unterschreiben
  dasṯchat karnâ
Unterschrift dasṯchat

Urlaub chuṯṯî (w)

Vater vâlid
Ventilator pankhâ
Verabredung
  mulâqât (w)
verboten mana',
  mamnû'
verboten (religiös)
  harâm
verdienen kamânâ
vergessen bhûlnâ (it)
verkaufen becnâ
verlassen choṛnâ
verletzt zachmî
Verletzung coṯ (w),
  zachm
verlieren (Dinge)
  khonâ
vermieten
  kirâye par denâ
verrückt pâgal
Versicherung bîmâ
verspäten, sich
  der karnâ
Verspätung der (w)
verstehen samajhnâ
versuchen
  koshish karnâ
verrückt pâgal, divânâ
viel bahut
vielleicht shâyed
Vogel parindâ
Volk qaum
voll bharâ, full [full]

von se
von (Besitz) kâ
vor (Ort) ke sâmne, ke âge
vor (Zeit) ke pahle
vorbereiten tayyâr karnâ
vorgestern parsoñ
vorher se pahle
Vormittag dopahar se pahle
Vorname pahlâ nâm
Vorschlag tajvîz (w)
Vorwahlnummer eriâ kod [area code]

W

Wagen gârî (w)
wahr sac
während is daurân
Wand dîvâr (w)
wann kab
warm garam
warten intizâr karnâ
warum kyoñ
was kyâ
waschen dhonâ, sâf karnâ
Wasser pânî
Watte kapâs (w)
wechseln badalnâ
wecken jagânâ
Weg râstâ
wegen ke lie
weggehen jânâ (it)
weiblich zanâna
weil kyoñki
weinen ronâ
weiß safed
weiß (Haut) gorâ
weißlich safed-sâ
weit dûr
welcher kaunsâ
wenig kam
wenn (als) jab
wenn (falls) agar
wer kaun
werden ho jânâ (it)
Westen maghrib
Wetter mausam
wichtig ahm, zarûrî
wie kaisâ
wieder aur ek bâr
wiederholen dharânâ
wieviel kitnâ
Wind havâ (w)
Winter sardî
wir ham
Wirtschaft iqtisâdî nizâm
wissen jânnâ
wo kahâñ
Woche haftâ
woher kahâñ se
wohin kidhar (it)
wohnen rahnâ
Wohnung makân
Wolle ûn
wollen câhnâ
Wort lafz
Wörterbuch lughat
Wunde cot (w)
wünschen chvâhish karnâ
Wüste sahrâ

Z

zahlen paise denâ
Zahnarzt dâñtoñ kâ dâktar
Zahnbürste tûth brash [toothbrush]
zeigen dikhânâ
Zeit vaqt
Zeitung achbâr
Zelt chemâ, tent [tent]
Zentrum (Stadt-) markaz
Zigarette sigret [cigarette] (w)
Zimmer kamrâ
Zoll kastam [customs]
zu Fuß paidal
zufrieden chûsh
Zug relgârî (w), tren [train] (w)
zusammen sâth-sâth
zweifellos shakk ke baghair
zwischen bîc meñ

A

abyâr Brunnen
acchâ gut
achbâr Zeitung
admî Mann
agar ob, wenn (falls)
aglâ nächster
afghânistân Afghanistan
ahistâ langsam
ahm wichtig
aisâ so
'aînak (w) Brille
ajâyab ghar Museum
'ajîb merkwürdig
ajnabî Ausländer; ausländisch, fremd
akelâ allein
aksar oft
allâh Gott
almârî (w) Schrank
amîr reich
amn Frieden
'amûmî normal
andar Eingang
andâ Ei
andar jânâ eintreten
añgrez Engländer
añgrezî englisch
arder [order] **denâ** bestellen
ashyâ'-e choronosh Lebensmittel
aur mehr, und
aur acchâ besser
aur ek bâr wieder noch einmal,
'aurat (w) Frau
'ayâr schlau

Â

âb(hî) jetzt
âchirî letzter
âdhâ Hälfte
âg (w) Brand, Feuer
âiskrîm [icecream] (w) Eis (Speise-)
âj heute
âmad (w) Ankunft
ânâ kommen
âp ihr, Sie
'âqil klug
ârâm karnâ sich ausruhen/erholen
ârâm Ruhe
ârâm se ruhig
ârâmdeh gemütlich
ârnâ (it) fliegen
âsân einfach
âsmân Himmel
aspatâl Krankenhaus
âstriyâ [Austria] Österreich
âstriyan [Austrian] Österreicher
âthânâ tragen
âvâz (w) Stimme
âzâd frei
âzâdî (w) Freiheit

B

bacat [budget] Sparen
baccâ Kind
bachshîsh Trinkgeld
bad schlecht
badalnâ umtauschen, wechseln
bad-shakal hässlich
bahâr (w) Frühling
bahut viel
bahut chûb ausgezeichnet
bahut muddat se lange Zeit
baig [bag] Tasche, Tüte
bainalaqwâmî international
baink [bank] Bank
baitrî [battery] (w) Batterie
baithnâ (it) sich setzen, sitzen
balki sogar
banânâ bauen, machen
band geschlossen
band karnâ schließen
bandar Hafen
baras Jahr
barf (w) Eiswürfel
barâ groß
bas (w) [bus] Bus
bas! genug!
batânâ sagen, erzählen, erklären

bâvarcî Koch
bâdshâh König
bâgh Garten
bâhar Ausgang; außen
bâhar jâne kâ râstâ Ausgang
bâi-bâi [bye-bye!] tschüss!
bâl Haar
bâr (w) Mal
bârish (w) Regen
bârish ho rahî hai regnen, es regnet
bât (w) Gespräch
bât karnâ reden
bâvarcîchânâ Küche
bâyâñ links
bâzâr Markt, Bazar
be kâr umsonst
becnâ verkaufen
bedilcasp langweilig
bed rûm [bedroom] Schlafzimmer
begunâh honâ unschuldig sein
behn (w) Schwester
betâ Junge, Sohn
betî (w) Tochter
bevaqûf dumm
bharâ voll
bhârî schwer (n. leicht)
bhejnâ schicken, senden
bhî auch
bhûk (w) Hunger
bhûlnâ (it) vergessen
bhûrâ braun
bijlî Strom
bil [bill] Quittung
bilkul ganz
bilmuqâbil gegenüber
bîc meñ zwischen
bîmâ Versicherung
bîmâr krank
bîmârî Krankheit
bîr Brunnen
bîvî (w) Ehefrau
bolnâ sprechen
bosâ Kuss
bosâ lenâ küssen
botal [bottle] (w) Flasche
buchâr Fieber
buking [booking] **karnâ** reservieren
bûrhâ alt (Personen)

C

calnâ (it) (ab)fahren
calo! los!
cammac Löffel
camrâ Leder
cashmâ Brille
câqû Messer
câbî (w) Schlüssel
câcâ Onkel (väterl.)
câcî (w) Tante (väterl.)
câdar Bettzeug
câe (w) Tee
câhnâ wollen
câklet [chocolate] Schokolade
câñdî (w) Silber
chatrî (w) Regenschirm
châtî (w) Brust(korb)
chemâ Zelt
chornâ verlassen
chotâ klein; kurz; niedrig
chuttî (w) Ferien, Urlaub
chûb gut
cillânâ rufen, schreien
cîn China
cîz (w) Ding, Sache
cor Dieb
corî (w) Diebstahl
corî karnâ stehlen
cornâ lassen
cot (w) Verletzung, Wunde
cûhâ Maus

CH

chabar (Mz **achbâr**) Nachricht
chabar denâ benachrichten
charâb kaputt; schlecht
charîdnâ kaufen
chat Brief

chatam karnâ aufhören, beenden

chatarnâk gefährlich

chatrâ Gefahr

chatt Linie

chauf Angst

chazâñ Herbst

châlî leer

châmosh ruhig

chândân Familie

châtmâ Ende

châtûn (w)/**chavâtîn** (Mz) Frau

choshî (w) Feier

choshî karnâ feiern

chudâ Gott

chûbî (w) Qualität

chûbsûrat schön, hübsch (Personen)

chûd selbst

chûsh honâ sich freuen

chûsh fröhlich, glücklich, zufrieden

chûshî (w) Glück

chvâhish karnâ wünschen

D

da'vat (w) Einladung

da'vat denâ einladen (jmd.)

daftar Büro

dakkhin Süden

dard Schmerz

dariyâ Fluss

darmiyân Mitte

darvâzâ Tür

dastchat Unterschrift

dastchat karnâ unterschreiben

daurnâ (it) laufen, rennen

davâ (w) Medikament

davâchânâ Apotheke

dawâ kî golî (w) Tablette

dâchil honâ einsteigen, eintreten

dâchilâ Eingang

dâdâ Großvater

dâdî (w) Großmutter

dâhinâñ rechts

dâna Getreide, Korn

dâñtoñ kâ dâktar Zahnarzt

dârhî (w) Bart

dârulhukûmat Hauptstadt

dehât Land (nicht Stadt)

dekhnâ anschauen, sehen, besichtigen

denâ geben

der (w) Verspätung; spät

der karnâ sich verspäten

der se spät

dharânâ wiederholen

dhonâ waschen

dikhânâ zeigen

dilcasp interessant

dilcaspî lenâ sich interessieren

divânâ verrückt

dîvâr (w) Wand

dopahar Mittag

dopahar kâ khânâ Mittagessen

dopahar ke ba'd Nachmittag

dopahar se pahle Vormittag

dost Freund

dukân (w) Geschäft, Laden

dukândâr Chef

dulhan (w) Braut

dusrâ andere

dûdh Milch

dûlhâ Bräutigam

dûr fern, weit, lang (Entfernung)

D

dâk (w) Post

dâk kâ dabâ Briefkasten

dâkchânâ Postamt

dâktar Arzt

dar Angst

disk Schallplatte, CD

divelap karnâ [develop] entwickeln (Film)
drâivar [driver] Chauffeur

E

ek einer
ek bâr einmal
eriâ kod [area code] Vorwahlnummer

F

fan Kunst
fankâr Künstler
farangî Ausländer
fasl Jahreszeit
fatrat (w) Natur
faujî sipâhî Soldat
fauran sofort
film (w) Film
fon [phone] Telefon
fon karnâ telefonieren
foto [photo] (w) Foto
foto khaiñcnâ fotografieren
frij [fridge] Kühlschrank
full [full] voll

G

gandâ schmutzig
gañv Dorf (Ortschaft)
garam warm, heiß; scharf
garmî (w) Sommer
gârî (w) Auto, Wagen
gânâ Lied; singen
gây (w) Kuh
gâz Gas
ghalat falsch
ghantâ Stunde
ghantî (w) Klingel
ghantî bajânâ klingeln
ghar Haus
gharâ'î tief
gharî (w) Uhr
ghâs (w) Gras
gîlâ nass
glâs [glass] Glas (Trink-)
gorâ weiß (Haut)
gosht Fleisch
grâmar [grammar] Grammatik
gulâbî rosa, pink

GH

ghair mumkin unmöglich
ghamgîn traurig
gharîb arm
ghusalchânâ Badezimmer, Toilette

H

hadd Grenze
haftâ Woche
halkâ leicht (Gewicht)
ham wir
hamesha immer
hamsâyâ Nachbar
hañsnâ lachen
haqq Recht
har jeder
har bâr jedesmal
har jagah meñ überall
har roz täglich
harâm verboten (religiös)
havâ (w) Luft, Wind
havâî addâ Flughafen
havâî jahâz Flugzeug
hâdsâ Unfall
hâmla schwanger
hâñ ja
hâth Hand
hindustân Indien
hisâb Rechnung
hisâb lagânâ rechnen
hî so
ho jânâ (it) werden
honâ sein
hoshyâr intelligent
hotal [hotel] Hotel
hukûmat (w) Regierung
hurûf Buchstabe
huzûr Herr

I

ichwân Bruder
'ihdâ Behörde
ihsâsât Gefühl
ijâzat denâ erlauben
'imârat (w) Gebäude
indyâ [India] Indien
inglish [English] englisch
injekshan lagânâ [injection] impfen gegen
injînîr [engineer] Ingenieur
insân Mensch, Person
inshâ'allâh hoffentlich
intizâm karnâ organisieren
intizâr karnâ warten
iqtisâdî nizâm Wirtschaft
is daurân während
is ke nîche unten
is lie darum, deshalb
is vaqt se seit
is-hâl Durchfall
iskûl [school] Schule
islâm Islam
iste'mâl karnâ benutzen
isteqbâl karnâ empfangen
i'tiqâd rakhnâ glauben
ittifâq karnâ einverstanden sein
istâp [stop] Haltestelle
isteshan [station] Bahnhof
izzat (w) Respekt

Î

îrân Iran, Persien

J

jab als (zeitl.), wenn
jagah (w) Ort, Platz, Stelle
jagânâ wecken
jahâz Schiff
jaldî se eilig
jaldî früh, schnell
jalnâ (it) brennen
jama' karnâ sammeln
jamâ'at (w) Gruppe
janâb Herr
jang (w) Krieg
janûb Süden
jarman [German] deutsch; Deutsche(r)
jarmanî [Germany] Deutschland
javâb Antwort
javân jung
jazîra Insel
jâ'izâ Besichtigung
jânâ (it) gehen, weggehen, abfahren
jânnâ wissen
jânvar Tier
jâvab denâ antworten
jel [jail] (w) Gefängnis
jhîl (w) See, der
jhûth bolnâ lügen
jhûth bolnevâlâ Lügner
jî Herr
jînâ leben (physisch)
jîtnâ gewinnen
jorâ Paar
jumla Satz (Grammatik)
jûti (w) Schuh

K

kab wann
kabhî kabhî manchmal
kabhî nahîñ niemals
kahâñ se woher
kahâñ wo
kahânî (w) Geschichte (Erzähl.)
kahnâ sagen
kaimrâ Fotoapparat
kaisâ wie
kaish [cash] Bargeld
kal gestern, morgen
kam bisschen, etwas, wenig
kamânâ verdienen
kampanî [company] (w) Gesellschaft (Firma)

kamrâ Raum, Zimmer
kamzor schwach
kanvâñ Brücke
kanvârâ ledig
kapâs (w) Watte
kaprâ Stoff
kapre Kleidung
karn tun
karnâ machen
kastam [customs] Zoll
kaun wer
kaunsâ welcher
kâ von (Besitz)
kâghaz Blatt, Papier
kâlâ schwarz
kâm Arbeit
kâm karnâ arbeiten
kâmchânâ Fabrik
kâmkâr Angestellter
kâmyâbî (w) Erfolg
kâñtâ Gabel
kârchânâ Autowerkstatt
kârd [card] Karte
kârobâr Handel
kârobârî Händler
kâtnâ schneiden
ke dass
ke âge vor (Ort)
ke ba'd danach, nach (zeitl.)
ke baghair ohne
ke chilâf gegen
ke lie damit, für, wegen
ke nîche unter
ke pahle vor (Zeit)
ke pâs bei
ke pâs honâ haben
ke pîche (da)hinter, über (örtl.)
ke sâth mit
ke sâmne vor (Ort)
ke sivâ außer
ke ûpar auf
keset teb [cassette tape] Kassette
kesh desk [cash desk] Kasse
kharâ honâ stehen
kharâ stehend
khatâ sauer (Geschmack)
khânâ essen; Essen, Speise
khânâ pakânâ kochen
khel (kûd) Spiel
khelnâ spielen
khet Feld (Acker)
khetî bârî (w) Landwirtschaft
khirkî (w) Fenster
kholnâ öffnen
khonâ verlieren (Dinge)
kidhar (it) wohin
kirâyâ Fahrpreis; Gebühr; Miete
kirâye par denâ vermieten
kirâye par lenâ mieten
kisân Bauer
kitâb (w) Buch
kitnâ wieviel
kî talâsh karnâ suchen
kî zarûrat honâ brauchen
ko nach (Richtung)
ko câhîe müssen, sollen
ko ma'lûm honâ kennen
ko paregâ müssen, sollen
ko ummid honâ hoffen
kofî [coffee] (w) Kaffee
koî bât nahîñ! egal
koî nahîñ niemand
koî einige, irgend(wer/-was), jemand
koshish karnâ versuchen
kuch einige, ein paar, etwas
kuch na batânâ schweigen
kuch nahîñ nichts
kuttâ Hund
kûrâ Müll
kyâ was
kyoñ warum
kyoñki weil

L

lafz Wort
lagnâ sich fühlen; kosten (Preis)

lahja Dialekt
laimp [lamp] Lampe
lakṟî (w) Holz
lambâ lang (nicht kurz)
laṟkî (w) Mädchen
lauhâ Eisen
lâisens [licence] Führerschein
lâit [light] Licht
lâl rot
lânâ (it) bringen
le ânâ (it) bringen
lefṯ [left] links
lekin aber
lenâ holen, nehmen
lifâfâ Briefumschlag
likhnâ schreiben
log Leute
lug͟hat Wörterbuch

M

ma'lûmât Auskunft, Information
machlî (w) Fisch
madad (w) Hilfe
madad karnâ helfen
maghrib Westen
maheñgâ teuer
mahînâ Monat
maidân Park
maiñ ich
maiñ c͟hûd ich selbst
majlis Rat (Versammlung)
makân Haus, Wohnung
mamnû' verboten
mana' verboten
mañgvânâ bestellen
manzil (w) Etage
maqsad Plan
marammat (w) Reparatur
marammat karnâ reparieren
marhûm tot
markaz Zentrum (Stadt-)
marnâ (it) sterben
masalan zum Beispiel
mashhûr berühmt
mashq (w) Übung
mashriq Osten
mashrûb Getränk
masjid (w) Moschee
masnû'î künstlich
mast betrunken
matlab Bedeutung, das heißt
mausam Jahreszeit, Wetter
maut (w) Tod
mazdûr Arbeiter
mazedâr schmackhaft
mazhab Religion
mâcis [matches] (w) Streichhölzer
mâhaul Umwelt
mâlik Besitzer
mâmâ Onkel (mütterl.)
mâmî (w) Tante (mütterl.)
mârnâ schlagen, töten
mehnat (w) Beruf
melâ Feier
meñ in (zeitl./ örtl.)
menyû Speisekarte
mihmân Gast
mihmân navâzî (w) Gastfreundschaft
mihrbânî danke
mihrbânî karke bitte
milnâ erhalten, finden; Besuch
milnâ (it) besuchen
minârat (w) Minarett
minaṯ [minute] Minute
miyâñ Herr
mînâr (w) Turm
mîṯhâ süß
moṟnâ drehen
moṯâ dick
moṯar Motor
moṯarsâikil [motorcycle] (w) Motorrad
mu'allim Lehrer
mu'azzin Muezzin
mu'âf kîjîe! Entschuldigung!
mubârakbâd denâ gratulieren
muddat Dauer
muft kostenlos
muhabbat karnâ lieben
muhâl unmöglich

mulâqât (w) Besuch, Verabredung
mulk Land, Staat
mulk-e fars Persien
mumkin möglich
muqaddas heilig
muṛnâ (it) drehen, abbiegen
musalmân Moslem
musâfir Reisender, Tourist
mushkil (w) Problem; kompliziert, schwierig
muskurânâ (it) lächeln
mutarjim Dolmetscher
mûsîqî (w) Musik

N

nahânâ baden
nahîñ nein, nicht
namak Salz
nambar [number] Nummer
naqshâ Landkarte
nayâ neu
nazdîk nah
nâ ma'lûm unbekannt
nâcnâ (it) tanzen
nâm Name
nânâ Großvater
nânî (w) Großmutter
nârangî orange (Farbe)
nâshtâ Frühstück
nâv (w) Boot, Schiff

nijî privat
nîlâ blau
nîlâ-sâ bläulich
numâish (w) Ausstellung
nûr Licht

P

pacchim Osten
pahannâ sich anziehen
pahâṛ Berg
pahâṛî silsilâ Gebirge
pahlâ nâm Vorname
pahuñcnâ ankommen
paidal zu Fuß
paikiṭ [packet] Paket
paint [pants] (w) Hose
pair Fuß
paise denâ zahlen, bezahlen
paise Geld
paiṭrol [petrol] Benzin, Erdöl
paiṭrol pamp [petrol pump] Tankstelle
palang Bett
panîr Käse
pankhâ Ventilator
pardes Ausland
pareshân ängstlich
parindâ Vogel
pars [purse] Tasche
parsoñ übermorgen, vorgestern

paṛhnâ lesen, lernen
pasînâ ânâ schwitzen
pasporṭ [passport] Reisepass
patâ Adresse
patthar Stein
pâgal verrückt
pânî Wasser
pârsil [parcel] Päckchen
pen [pen] Stift
peṛ Baum
peṭ bharâ huâ satt
phal Früchte, Obst
phir bald
phûl Blume
pîche oben
pînâ trinken
plân [plan] Plan
plîz [please] bitte
polîs [police] (w) Polizei
posṭkârḍ Postkarte
progrâm Programm
purânâ alt (Dinge)
pûchnâ fragen
pyâs lagnâ durstig

Q

qaiñcî (w) Schere
qarîb nah, neben
qasûrvâr schuldig sein
qaum Volk
qaumît (w) Staatsangehörigkeit
qawâ'id Grammatik

qâbil-e afsos arm (bemitleidenswert)
qânûn Recht, Gesetz
qil'a Burg, Schloss (Gebäude)
qismat (w) Glück
qiyâm Aufenthalt
qîmat (w) Preis
qur'ân sharîf Koran

R

rahnâ (it) bleiben
rahnâ leben, wohnen
rahnevâlâ Einwohner
rakhnâ legen
rang Farbe
rangîn bunt
raqm bacânâ sparen
rasham Seide
rasm (w) Brauch
rasm aur rivâj Tradition
rassî (w) Seil
rayt [right] rechts
râstâ Weg
rât (w) Abend, Nacht
rât kâ khânâ Abendessen
râye Meinung
râye denâ beraten (jmd.)
rediyo [radio] Radiogerät
relgârî (w) Zug
relve (w) Eisenbahn
restorant Restaurant
ret (w) Sand
rezgârî (w) Kleingeld
roknâ halten
ronâ weinen
roshnî (w) Licht
rotî (w) Brot, Gebäck
roz Tag
ruknâ (it) (an)halten
ruqûm Kasse

S

sab kuch alles
sabab Grund
sabz grün
sabzî (w) Gemüse
sabz-sâ grünlich
sac echt, richtig, wahr
safar Reise
safar karnâ (ab)reisen
safârash karnâ empfehlen
safed weiß
safed-sâ weißlich
safha Seite (Buch)
sahâfî Journalist
sahîh richtig
sahrâ Wüste
saknâ können
salâm Gruß
salâm karnâ (be)grüßen jmd.
samajhnâ verstehen
samjhânâ erklären
samundar Meer
sar [sir] Herr
sardî (w) Kälte, Winter
sarhad Grenze
sarak (w) Straße
sastâ billig
saudâgar Händler
savâl Frage
saverâ Morgen
sazâ Strafe
sazâ karnâ bestrafen
sâbûn Seife
sâf sauber
sâf karnâ sauber machen, waschen
sâhib Herr
sâhil Strand
sâ'iz [size] Größe (Kleidung)
sâl Jahr
sâlgirah (w) Geburtstag
sâmân Gepäck
sâth neben
sâth-sâth zusammen
sâyâ Schatten
se aus, durch, mit, von, als (Vergleich)
se chauf lagnâ sich fürchten (vor)
se milnâ sich bekanntmachen, kennen lernen (jmd.), sich treffen (mit)
se pahle bevor, vorher
sekend [second] Sekunde
sha'bâ Abteilung

shahr Stadt
shahrît (w) Nationalität
shaitân Teufel
shakk ke baghair zweifellos
shakwa Beschwerde
shakwa karnâ sich beschweren
sharîf ehrwürdig
shauhar Ehemann
shâdî (w) Heirat
shâgird Schüler
shâm (w) Abend
shâvar [shower] Dusche
shâyed vielleicht
sher Löwe
shi'i Schiite
shikâyat (w) Klage
shikâyat karnâ sich beschweren
shikâyat Beschwerde
shimâl Norden
shinâchtî kard [card] Ausweis
shorbâ Suppe
shukriyâ danke
shurû' karnâ anfangen, beginnen
sigret [cigarette] (w) Zigarette
sigret pînâ rauchen
sikhânâ lehren, unterrichten
sinâ'at (w) Industrie
sinemâ Kino
sirf nur
sirinj [syringe] (w) Spritze
siyâsat (w) Politik
sîdhâ geradeaus
sîfâratchânâ Botschaft (dipl.)
sîkhnâ lernen
sîrhî (w) Treppe
socnâ denken, meinen, nachdenken
sonâ Gold; schlafen
subah (w) Morgen
sukhâ trocken
sunnâ hören
sunni Sunnit
surch rot
surch-sâ rötlich
sûraj Sonne
sûtkes [suitcase] Koffer
svîsra Schweiz
svîsrî Schweizer(in)

T

tabdîl karnâ umtauschen
tabi'î natürlich (nicht künstl.)
tabî'at (w) Gesundheit
tadshîkistân Tadschikistan
tairnâ schwimmen
tajvîz (w) Rat, Vorschlag
tak bis
talfaz Aussprache
tamâm genau
tambâkû (w) Tabak
tañchvâh (w) Lohn, Gehalt
tandurust gesund
tandurustî (w) Gesundheit
tañg eng
tanhâ allein
taqrîban etwa, fast, ungefähr
taraf (w) Seite, Richtung
tarjumâ karnâ übersetzen
tasvîr (w) Bild, Foto
tasvîr banânâ malen
tauliyâ [towel] Handtuch
tayyâr bereit, fertig
tayyâr karnâ vorbereiten
tâki um zu
tâlib-e 'ilm Student
tânba Kupfer
tâqatvar stark
târîch (w) Datum, Geschichte (Hist.)
tel Öl (Speise-)
tez karnâ sich beeilen
tezî se eilig, gehetzt
thainkyû [thank you] danke
thakâ müde
thaknâ (it) müde sein

thiye̱tar Theater
tho̱ṛâ sâ khânâ kosten (probieren)
to so
tohfâ Geschenk
tum du, ihr
tû du

T

ṯaiksî (w) Taxi
ṯakṛâ Stück
ṯâyle̱t pepar [toilet paper] Toilettenpapier
ṯent [tent] Zelt
ṯhanḏâ kalt, kühl
ṯhîk gut
ṯî vî [TV] Fernsehgerät
ṯika̱t [ticket] (m, a: w) Fahrkarte, Flugticket, Briefmarke
ṯraivalars cek [travellers' cheque] Reiseschecks
ṯren [train] (w) Zug
ṯûth brash [toothbrush] Zahnbürste

U

uchu Bruder
udhar dorthin
udhâr lenâ leihen
'umr (w) Alter
us ke ba'd dann

utarnâ (it) aussteigen
uttar Norden
u̱thnâ (it) aufstehen

û

ûn Wolle
ûñcâ hoch
ûñṯ Kamel

V

vahâñ da, dort
vajah (w) Grund
vaqfâ Pause
vaqt Zeit
vaqt lagnâ dauern
vazan Gewicht
vazîr Minister
vâjib gültig
vâlâ Besitzer
vâlid Vater
vâlidâ (w) Mutter
vâlidain Eltern
voh er, sie (Ez, Mz)
vuzârat (w) Ministerium

W

wâdî Tal

Y

yahâñ hier
yahûdi Jude, jüdisch

yâ oder
yâd (w) Andenken, Erinnerung
yâd ânâ (it) sich erinnern
ya'ni das heißt
yeh er, sie (Ez, Mz)
yunivarsi̱tî [university] (w) Universität

Z

zabân (w) Sprache
zachm Verletzung
zachmî verletzt
zamadârî Schuld
zamîn (w) Erde
zanâna weiblich
zarâ bitte
zard gelb
zard-sâ gelblich
zarûr! natürlich!, selbstverständlich!
zarûrî nötig, notwendig, wichtig
zarûrî hai es ist dringend
zâtî privat
zêtûn Olive
zindagî (w) Leben
zor se laut
zukâm Grippe

Der Autor

Daniel Krasa B. A. wurde 1976 in Wien geboren. Seit seit frühester Jugend interessiert er sich für diverse Sprachen und spricht bis jetzt 15. Das erste Mal war er mit vier Jahren in Indien und wurde von einer Aya, d. h. einem Kindermädchen, beaufsichtigt, die nur Hindi mit ihm sprach. Als er viele Jahre später wiederkam, merkte er, dass er die Menschen problemlos verstand. Er bereiste danach häufig den indischen Subkontinent und verbrachte viel Zeit in Pakistan und Indien. Seine Sprachkenntnisse in Urdu und Hindi halfen ihm, die Länder und vor allem deren Menschen von einer sehr persönlichen Warte aus kennen zu lernen.

Zur Zeit lebt und studiert er in Bombay/ Indien für einen M. A. und befasst sich mit weiteren Sprachen der Region.

Daniel Krasa schrieb auch die Kauderwelsch-Bände „Algerisch-Arabisch", „Arabisch für die Golfstaaten" und „Französisch für Tunesien". Mal sehen, wo es ihn demnächst hinverschlägt.